Nachgefragt: Deutsche Literatur

Für meine Söhne Paco und Pablo

Thomas Grasberger

Nachgefragt:
Deutsche Literatur
Basiswissen zum Mitreden

Illustrationen von Verena Ballhaus

Bibliografische Information Der Deutschen Bibliothek
Die Deutsche Bibliothek verzeichnet diese Publikation in der
Deutschen Nationalbibliografie; detaillierte bibliografische Daten
sind im Internet über *http://dnb.ddb.de* abrufbar.

Der Umwelt zuliebe ist dieses Buch auf chlorfrei gebleichtem Papier gedruckt.

ISBN 3-7855-5212-2 – 1. Auflage 2004
© 2004 Loewe Verlag GmbH, Bindlach
Umschlagillustration: Verena Ballhaus
Umschlagfoto: Mauritius
Umschlaggestaltung: Andreas Henze
Redaktion: Antje Subey-Cramer
Herstellung: Martina Düngfelder

www.loewe-verlag.de

Inhaltsverzeichnis

Einleitung 8

Literatur pur

Was ist überhaupt Literatur? Und was nicht? 12 • Kann man E und U verwechseln? Kunst und Kitsch, Unterhaltung und Ernst 13 • Worum geht's überhaupt? Stoffe und Motive der Literatur 14 • Kann man Literatur teilen? Gattungen und Germanisten 15 • Was ist ein Roman? 16 • Muss es immer lang sein? Literarische Kurzformen 17 • Reim dich, oder ich fress dich! Welche Formen der Lyrik gibt es? 18 • Wie spielen sich Dramen ab? 19 • Versuch doch mal, die Zeit einzufangen. Was sind Epochen? 20

Im Lauf der Zeit

Was ist Mittelalter? Alles alter Käse? 22 • I love you, babe! Was war der Minnesang? 23 • Was heißt eigentlich Nibelungentreue? 24 • Wie wird der Dichter zum Buchstaben-Jongleur? 25 • Ohne geht nix! Wer hat den Buchdruck erfunden? 26 • Wie sag ich's auf gut Deutsch? Luther und die Bibel 27 • Spaß und Prunk trotz Krieg und Stunk! Was ist eigentlich Barock? 28 • Stolpernd durch die wirre Weltgeschichte – wer ist Simplicissimus? 29 • Was ist Aufklärung? Mehr als die Sache mit den Bienen und Vögeln 30 • Echt Lessing: Wie lehrt Nathan Toleranz? 32 • Der Traum von der besseren Welt: Bist du schon reif für die Insel? 33 • Kleiner Mann, ganz groß: Wer war Georg Christoph Lichtenberg? 34 • Türen und Fenster zu! Was war der Sturm und Drang? 35 • Was verbindet Werther mit einer unseligen Mode? 36 • Was ist das Ur-Ei der Dichtung? 37 • Sind die Räuber nur Ganoven? 38 • Den Faust in der Tasche. Neugierig? 39 • Und wo bitte liegt Weimar? In der Klassik! 40 • Alles Schiller, oder was? Noe! Aber Goethe mit h! 42 • Viva Italia! Was hat Italien mit Goethe zu tun? 44 • Den Apfel von der Birne: Wer war Wilhelm Tell? 45 • Böhmische Dörfer I: Allegorie, Anagramm, Euphemismus, Ironie, Metapher, Chiffre 46 • Alles blaue Blümchen? Oder was suchen die Romantiker? 48 • Und wo bleiben eigentlich die Frauen? 50 • Märchenstund hat Gold im Mund 52 • Ein Fremder und Außenseiter: Warum ist Peter Schlemihl schattenlos? 53 • Volksaufstand wegen zwei Pferden: Wer ist Michael Kohlhaas? 54 • Was heißt denn hier Taugenichts? Faul sein ist anstrengend. 55 • Wie bieder ist das Biedermeier? Und wie jung das Junge Deutschland? 56 • Bunte Steine aus dem Böhmerwald – wer war Adalbert Stifter? 57 • Only the good die young! Wer war Georg Büchner? 58 • Jetzt sind aber mal die Kleinen dran – worum geht es in „Woyzeck"? 59 • Warum ist Heinrich Heines „Wintermärchen" keine Ski- und Schlittengaudi? 60 • Poetischer Realismus: Wie wirklich ist die Wirklichkeit wirklich? 61 • Gescheiterte Ehen Teil eins: Worüber schrieb Gottfried

Keller? 62 • Gescheiterte Ehen Teil zwei: Was erlebte Theodor Fontanes Effi? 63 • Was ist eigentlich Naturalismus? Gerhart Hauptmanns Weber zum Beispiel 64

Moderne Zeiten

Was ist modern? Marx, Nietzsche, Freud 66 • Schöne Aussichten vom Elfenbeinturm! Wer waren die Symbolisten? 68 • Lasst den Panter raus! Was macht Rainer Maria Rilke im Tierpark? 69 • Die liebe Familie Teil eins: Thomas Mann und die Buddenbrooks 70 • Die liebe Familie Teil zwei: Streit zwischen Thomas und Heinrich Mann 72 • Exkurs: Anapäst und Cholera – Tipps und Tricks für Lyriker 74 • Monster, Mythen, Traumfiguren – was beschreibt die fantastische Literatur? 76 • Sind Comics auch Literatur? Wilhelm Busch und seine Freunde 78 • Ganz schön flott, die Expressionisten: Wer war Gottfried Benn? 79 • Was ist Dada? Alles Gaga? Blabla? 80 • Die komischen Sprachjongleure: Wer waren Kurt Schwitters und Karl Valentin? 81 • Mehr Sachlichkeit, bitte! Und wer fordert das? 82

Mit Büchern die Welt verändern!?

Was soll und was kann Literatur? Schön oder engagiert sein? 84 • Ja, was denn jetzt?! Epik oder Theater? Der revolutionäre Bert Brecht 86 • Alles fürs liebe Geld? Bert Brechts „Mutter Courage und ihre Kinder" 88 • Was öffnet man mit einem Schlüsselroman? Die Geschichte. Zum Beispiel bei Lion Feuchtwanger 89 • Mit Hurra in den Untergang! Welche Erfahrungen machen Schriftsteller mit dem Ersten Weltkrieg? 90 • Nie wieder Krieg! Der dunkelrote Panter Kurt Tucholsky und sein Freund Carl von Ossietzky 91 • Exkurs: Tipps und Tricks für Erzähler 92 • Die Großstadt erobert den Roman. Und wer war Alfred Döblin? 94 • Böhmische Dörfer II: Was heißt denn hier Onomatopoesie, Oxymoron, Parataxe und Pars pro Toto? 96 • Der schwäbische Bestseller: Was beschreibt Hermann Hesse in „Siddharta"? 98 • Wenn die Schüler Monster werden – wer war Ödön von Horvath? 100 • Ein Mittel gegen Humorlosigkeit? Erich Kästners Gedichte 101 • Warum verbrannten die Nationalsozialisten Bücher? 102 • Was ist Exil-Literatur? Am Beispiel Oskar Maria Graf 103 • Die grausame Wahrheit des Nationalsozialismus: Was schreibt Anne Frank in ihr Tagebuch? 104

Literatur zwischen Trümmern

Nach dem Krieg: Womit beginnt der Wiederanfang der Literatur in der BRD? 106 • Greif zur Feder, Kumpel! Literatur in der DDR: Wohin führt der Bitterfelder Weg? 108 • Wer hat die Brandstifter reingelassen? Diese Frage stellt sich auch Max Frisch 109 • Was ist das Treibhaus Deutschland? Der Schriftsteller Wolfgang Koeppen 110 • Düstere Aussichten – was war neu in der Lyrik nach 1945? 111 • Warum will Klein Oskar nicht mehr wachsen? Der Schriftsteller Günter Grass 112 • Warum ist Rolf Hochhuths Theaterstück „Der Stellvertreter" so umstritten? 114 • Warum ist Heinrich Bölls Clown traurig? 115 • Was bedeuten Zettel für den Autor Arno Schmidt? 116 • Wie wirkt sich das geteilte Deutschland auf die Literatur aus? 117 • Warum muss Wolf Biermann ins Exil gehen? 118 • Wie geht's dem Tormann beim Elfmeter? Der Schriftsteller Peter Handke 119 • Was und wer waren die wilden 68er? Die Politisierung der Literatur 120

Der Literaturbetrieb heute

Schriftsteller mischen sich ein: Worüber wird in Literaturdebatten debattiert? 122 • Und was macht die Literatur heute? 124 • Rap mir die Poesie! Und was macht die Lyrik heute? 126 • Alles Penner beim P.E.N.? Der Autor heute 127 • Sind Krimis erlaubt? Klar – wenn sie mörderisch gut sind … 128 • Räuber, Bienen und Indianer – wirklich nur für Kinder? 130 • Was bieten die neuen Medien zum Thema Literatur? 132 • Und wie heißt der Sieger? Literaturpreise! 133 • Die Herren der Hummersuppe: Welche literarischen Verlage gibt es? 134 • Wo gibt's das Buch? Der Handel, die Messen, das Internet 136 • Leute wie du und ich – die Leser, die Kritiker, die Medien 138

Glossar 140

Einleitung

Lesen ist wie Urlaub machen. Nur dass du keine Koffer packen, keine teuren Tickets kaufen und keine anstrengenden Flüge unternehmen musst. Du musst nur ein Buch zur Hand nehmen, den Deckel aufklappen und anfangen zu lesen. Schon beginnt deine abenteuerliche Reise im Kopf. Von wegen nur am Strand herumliegen und sich langweilen! Bei der literarischen Abenteuerreise ist richtig was los. Du triffst auf die spannendsten Geschichten, die schönsten Landschaften, die gruseligsten Abenteuer und die witzigsten Einfälle. Auf wenigen Seiten kannst du über ganze Kontinente reisen und durch die Zeit segeln. Du willst ins Mittelalter, wo edle Helden mit bösen Drachen kämpfen? Kein Problem. Du möchtest wissen, was wahre Liebe bedeutet? Und ob man aus Liebe zum Mörder werden darf? Was ist Freiheit? Was Gerechtigkeit? Darf man dafür Gewalt anwenden? Wie lebt der Mensch richtig? Und wissen Eltern immer alles besser? Die Literatur ist voller Romane und Dramen, die all diese Fragen stellen und beantworten.

Mit jedem Buch öffnen sich neue Welten für dich. Du wirst die unterschiedlichsten Menschen treffen: Helden und Bösewichter, nette Typen und unsympathische Leute. Du wirst neue Erfahrungen machen, weil jeder Mensch seinen eigenen Blickwinkel auf die Dinge des Lebens hat. Du wirst die Gedanken und Gefühle dieser Menschen kennen lernen, wirst erfahren, was sie freut und was sie ärgert. Und warum sie so geworden sind, wie sie sind.

Unser eigenes Leben ist ja relativ kurz. Jeder kann nur eine bestimmte Anzahl von Erfahrungen selbst machen. Wenn du ein gutes Buch liest, wirst du die Dinge, die uns alle bewegen, auch aus der Perspektive anderer Menschen sehen. Wenn du etwa einen guten Roman liest, in dem Seefahrer vorkommen, erfährst du viel über die Arbeit der Seefahrer. Du lernst ihre Sprache kennen. Vor allem aber wirst du erleben, wie sie die Welt sehen.

Egal ob Seefahrergeschichten, Krimis oder Theaterstücke – du wirst viel Spaß haben. Denn lesen ist Spaß! Wenn du erst mal angefangen hast, willst du nicht mehr aufhören. Auch wenn dir manche Bücher schwierig erscheinen – weil sie in einer anderen Zeit geschrieben wurden und die Sprache ein bisschen anders ist. Oder weil sie dicker sind und man ein wenig Durchhaltevermögen braucht, um sie zu lesen. Aber keine Angst: Wenn du dich erst einmal eingelesen hast, geht es ganz leicht.

Gute Bücher sind wie eine Flaschenpost. Vielleicht hast du Glück, und sie wird vor deine Füße gespült. Du musst sie nur noch aufmachen. Dann wirst du darin eine geistige Landkarte finden, die dich zu den neuen, unbekannten Orten führt. Meist findest du darin sogar einen Hinweis auf die nächste Flaschenpost, und darin den nächsten Hinweis … All diese Landkarten, Ideen, Gedanken und Figuren zusammen – das ist die Literatur. Ein Meer von geheimnisvollen Flaschenpostsendungen, die darauf warten, von dir geöffnet zu werden. Auch dieses Buch will eine kleine Flaschenpost sein. Mit einer Karte jener Welten, die wir deutsche Literatur nennen. Du wirst Schriftsteller kennen lernen und Bücher, Romanhelden und Epochen. Auch ein wenig Handwerkszeug für die Reise ist dabei. Die Landkarte ist aber nur ein Wegweiser für deine erste Orientierung. Entdecken musst du die spannenden Welten selbst! Ich wünsch dir viel Spaß dabei!

Literatur pur

Was ist überhaupt Literatur? Und was nicht?

Eigentlich sind wir alle Literaten. Sofern wir schreiben können. Denn Literatur kommt vom lateinischen littera, Buchstabe. Alles, was Buchstaben hat, ist also Literatur. Trotzdem hat man diesen Begriff etwas genauer eingegrenzt.

Schon in der Antike haben sich die Menschen über das Wesen und die Formen der Literatur Gedanken gemacht. Aristoteles oder Horaz etwa. In deutscher Sprache war Martin Opitz der Erste - mit dem „Buch der deutschen Poeterey" (1624).

Am Anfang war das gesprochene Wort. Die Leute haben sich gegenseitig Geschichten erzählt. Irgendwann ist einer auf die Idee gekommen, Zeichen an die Wand zu malen. Und mit den Zeichen bestimmte Bedeutungen oder Laute zu verbinden. Vor 3000 Jahren haben die Menschen so die Schrift erfunden. Mit ihren Bildern und Buchstaben haben die alten Völker ihre Götter-Geschichten, die Mythen, aufgeschrieben. Das war der Beginn der Literatur. Und heute? Natürlich ist nicht alles Geschriebene Literatur. Im engeren Sinn verstehen wir darunter erfundene Texte. Im Gegensatz zu Fach- oder Gebrauchstexten, die einen hohen Wirklichkeitsanteil haben. Aber was heißt schon Wirklichkeit? Ist Literatur etwa nicht wirklich? Ist alles erstunken und erlogen? Nein, aber die literarische Wirklichkeit ist eine andere. Sie ist oft näher an der Wahrheit als Fachtexte. Nehmen wir zum Beispiel historische Themen. Ein Sachbuch muss sich an das halten, was von früher überliefert ist. Das ist oft nicht viel. Da hat es der Literat leichter: Er verwendet ebenfalls, was an Dokumenten da ist. Aber er kann auch dazuerfinden: Personen, Handlungen, Stimmungen. Wenn er es gut macht, wird er der historischen Wahrheit näher kommen als jeder Geschichtsschreiber.

Im Gegensatz zur Sachliteratur nennt man das dann schöngeistige Literatur oder Belletristik (von französisch *Belle lettre* = schöne Literatur). Für die gelten eigene Regeln: die der Poetik, der Lehre von der Dichtkunst.

Literatur pur

Was Unterhaltung und Spaß ist, wird von Mensch zu Mensch unterschiedlich beurteilt. Manche amüsieren sich schon übers Pausenzeichen im Fernsehen. Andere lesen lieber einen langen Roman und haben einen Heidenspaß dabei.

Kann man E und U verwechseln? Kunst und Kitsch, Unterhaltung und Ernst

Neben der Aufteilung in Sachbuch und Belletristik können wir Geschriebenes also noch einmal unterscheiden. In gute, anspruchsvolle Literatur und in etwas einfacher geschriebene. E wie ernsthaft oder U wie unterhaltend. Früher steckte man Bücher einfach in eine dieser beiden Schubladen. Aber diese Unterscheidung ist gar nicht so leicht. Zum Beispiel gibt es Kriminalromane, die sehr unterhaltsam sind, aber dennoch ernsthaft und künstlerisch wertvoll. Auf der anderen Seite gibt es Romane, die sehr gewichtig daherkommen, aber viele sprachliche und inhaltliche Mängel haben. In der amerikanischen Kultur gibt es die Unterscheidung zwischen E und U viel weniger als bei uns in Deutschland. Aber auch hierzulande weicht dieser Gegensatz immer mehr auf.

Freilich gibt es auch Trivialliteratur (trivial bedeutet abgegriffen, ohne Bedeutung). Solche Bücher wollen auf leichte, lockere Weise unterhalten. Sie sind sprachlich sehr einfach. Das muss nicht schlimm sein. Aber oft sind eben auch die Gedanken sehr einfach. Die Figuren und die Handlung sind grob gezeichnet, und man weiß immer schon vorher, was auf der nächsten Seite passiert. Zum Beispiel in den Herz-Schmerz-Heftromanen, die es für ein paar Euro am Kiosk gibt. Trivialliteratur hat es immer gegeben. Aber selbst da gibt es Unterschiede. Karl May und Heidi gehören sicherlich auch in diese Schublade. Aber man kann sie nicht mit Heftchen-Romanen vergleichen.

Trivialliteratur ist vor allem in der Zeit der Aufklärung, im 18. Jahrhundert, entstanden (siehe auch Seite 30). Als immer mehr Menschen lesen konnten, stieg der Bedarf an spannenden, einfachen Geschichten. Krimis, Schauerromane und natürlich immer wieder die Liebe waren und sind bis heute sehr gefragt.

Literatur pur

Worum geht's überhaupt? Stoffe und Motive der Literatur

Die Frage, worum es bei Literatur geht, ist wie die Frage: Worum geht es im Leben? Alles, was den Menschen wichtig ist, kommt auch in der Literatur vor. Einige Sachen sind besonders wichtig. Sie kommen immer wieder vor.

Zum Beispiel die Liebe. Vor allem, wenn sie kompliziert wird. Das wird sie eigentlich immer, könnte man jetzt sagen. Stimmt. Aber manchmal ist sie eben besonders schwierig. Zum Beispiel, wenn ein Mann zwischen zwei Frauen steht. Dann muss er sich entscheiden. Oder wenn sich zwei junge Menschen lieben, deren Eltern aber miteinander im Streit liegen. Das sind Geschichten, die in der Weltliteratur immer wieder auftauchen – in unterschiedlichen Epochen, an verschiedenen Orten und mit jeweils neuen Figuren. Aber der Grundkonflikt bleibt gleich.

Man nennt das Motive. Das Wort kommt vom lateinischen *movere*, bewegen. Was bewegt die Menschen? Es gibt eine ganze Reihe solcher Motive in der Literatur. Neben den bereits genannten ist der Vater-Sohn-Konflikt häufig. Oder der Streit zwischen Brüdern. Auch bestimmte Typen tauchen als Motiv immer wieder auf. Der Geizige etwa. Oder der Menschenfeind. Aus solchen Motiven entstehen konfliktreiche Handlungen: Streit, Mord, Totschlag, Hoffnungen, Ängste, Verzweiflung.

Neben den Motiven gibt es auch Stoffe, die die Literatur immer wieder beflügeln, zum Beispiel die Geschichten berühmter Menschen: Cäsar oder Johanna von Orleans. Oder auch die Gestalten der antiken Mythologie, etwa Odysseus mit seinen abenteuerlichen Irrfahrten. Der ist beim antiken Schriftsteller Homer die Hauptfigur in der so genannten „Odyssee". Im 20. Jahrhundert beim Autor James Joyce taucht er auch wieder auf.

Man könnte sagen: Kunst ist Kunst und wird nicht getrennt. Aber die Menschen teilen eben einfach gern ein. Auch in der Literatur. Zum Beispiel unterscheiden wir nach Gattungen: Gedichte, Theaterstücke und Erzählungen.

Kann man Literatur teilen? Gattungen und Germanisten

In der Fachsprache heißen diese drei großen Gruppen Lyrik, Dramatik und Epik. Die Menschen haben Literatur nicht immer so eingeteilt. In der Antike gab es diese Unterscheidung nicht und in Deutschland gibt es sie eigentlich auch erst ab dem 18. Jahrhundert. Seither streiten sich die Gelehrten über die Frage, wie sinnvoll so eine Unterscheidung ist. Die Gelehrten, das sind heutzutage die Germanisten. Also diejenigen, die an der Universität die deutsche Sprache und Literatur (= Germanistik) studiert haben. Germanisten sind in den seltensten Fällen selbst Literaten. Warum auch? Ärzte müssen ja auch nicht krank sein, um andere zu heilen. Allerdings hilft es manchmal, um bestimmte Dinge besser verstehen zu können. Germanisten sind Leute, die Literatur lesen und analysieren. Wie mit dem Seziermesser gehen sie an die Texte heran und untersuchen sie. Während Literaturkritiker neu erschienene Bücher besprechen, blicken Germanisten und Literaturhistoriker mit einem gewissen zeitlichen Abstand darauf. Und entscheiden dann darüber, was wertvoll ist und was nicht.

Jedenfalls teilen sie Literatur in die drei Hauptgattungen ein. Das scheint sich bewährt zu haben. Schon Goethe hat diese Gattungen als die drei „Naturformen der Poesie" bezeichnet. Allerdings werden die Abgrenzungen immer wieder diskutiert. Die Romantiker (siehe Seite 48) wollten sie zum Beispiel ganz aufheben und Lyrik, Drama und Epik verbinden.

Als Hauptgattungen der Literatur unterscheiden wir Drama (u. a. Tragödie und Komödie), Epik (erzählende Texte wie Roman oder Novelle, Kurzgeschichte, Märchen, Fabel, Parabel), Lyrik (Gedichte, Balladen, Lieder usw.).

Was ist ein Roman?

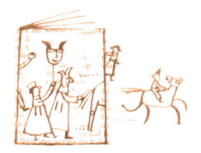

Wenn du in eine Buchhandlung gehst und nach den Neuerscheinungen suchst, siehst du fast nur Romane. Sie verkaufen sich am besten. Denn im Roman finden die Leser große, in sich geschlossene Welten und viele Figuren.

Das Wort Roman stammt aus dem Französischen. Die Bedeutung des Begriffs ist nicht vollständig geklärt. Eine Theorie besagt, dass Roman so viel heißt wie in romanischer Sprache geschrieben. Als Roman hat man im 12. Jahrhundert also jene Bücher bezeichnet, die nicht mehr in Latein, sondern in der romanischen Volkssprache verfasst waren.

Man nennt den Roman eine epische (= erzählerische) Großform. Die Handlung ist oft sehr verwickelt und hat verschiedene Zweige. Es kommen mehrere Personen vor, die um die Hauptfiguren herum auftreten. Der Roman bietet dadurch viele Möglichkeiten des Erzählens. Kein Wunder, dass so ein Buch gleich mal fünfhundert Seiten hat. Manchmal findest du auch Büchlein mit hundert Seiten, die sich als Roman ausgeben. Eigentlich sind das Novellen. Aber die Verlage nennen es Roman, weil sich das besser verkauft.

Es gibt verschiedene Arten von Romanen. Zum Beispiel den Abenteuerroman. Der hat sich im 13. Jahrhundert aus den mittelalterlichen Vers-Epen heraus entwickelt. Er erzählt – nun nicht mehr gereimt – die Erlebnisse der Ritter. Oder der Schelmenroman: Ein einfacher, aber schlauer Held besteht darin viele Abenteuer. Wie etwa Simplicissimus im 30-jährigen Krieg (siehe Seite 29). Im 18. Jahrhundert ist der Briefroman sehr beliebt. Und der Bildungs- oder Entwicklungsroman. Darin wird in Episoden gezeigt, wie ein Held seine geistigen und gefühlsmäßigen Fähigkeiten entwickelt. Am Ende ist er ein reifes, gebildetes Mitglied der bürgerlichen Gesellschaft. Im 19. Jahrhundert sind Gesellschaftsromane weit verbreitet. Darin wird oft Kritik an sozialen Zuständen geübt. Und natürlich gibt es viele Roman-*Genres*: Krimis, historische Romane, Sciencefiction usw. Heute sind auch Mischungen dieser Romanformen üblich.

Genre kommt aus dem Französischen und bedeutet Gattung.

Literatur pur | 16

Wer etwas erzählen will, muss nicht unbedingt immer fünfhundert Seiten schreiben. Es gibt auch viele schöne Formen des Erzählens, die kürzer sind. Sie haben nicht nur den Vorteil, dass man sie schneller liest.

Muss es immer lang sein? Literarische Kurzformen

Oft sind darunter literarische Juwelen. Etwa bei der Kurzgeschichte. Die hat sich im 20. Jahrhundert entwickelt. In ihrem Mittelpunkt steht ein bestimmtes Ereignis oder eine Situation. Die Geschichte geht überraschend los, setzt mitten im Geschehen ein und hört mit einer Überraschung (oder einem offenen Schluss) auf. Dazwischen wird sie schnell und ohne große Umschweife erzählt. Es treten wenige Personen auf, und die Handlung ist auf einen Strang beschränkt. Das macht die Geschichte sehr intensiv und straff. Die Kurzgeschichte hat als „short story" ihre Wurzeln vor allem in den USA. Geschrieben wurde und wird sie für Zeitschriften und moderne, eilige Leser. Ernest Hemingway (1899–1961) war einer der Meister der Kurzgeschichte. In Deutschland nach dem Zweiten Weltkrieg haben zum Beispiel Heinrich Böll und Wolf Dietrich Schnurre Kurzgeschichten geschrieben. Und in den 1990er-Jahren erzählt Ingo Schulze in „Simple Storys" vom Alltag in der Ex-DDR.

Eine andere, alte Kurzform ist die Novelle (von italienisch *novella* = Neuigkeit). Sie ist schon in der *Renaissance*-Zeit bekannt. Auch hier steht nicht eine Figur im Mittelpunkt, sondern das Ereignis. Oft gibt es einen Erzählrahmen: Zum Beispiel sitzen einige Menschen irgendwo beisammen und erzählen sich kurze, einfache Geschichten, „unerhörte Begebenheiten", wie Goethe die Novellen genannt hat. Die Handlung spitzt sich langsam bis zur Krise zu und löst sich am Ende auf.

Andere epische Kleinformen sind die Anekdote, eine kleine, typische Geschichte am Rande historischer Ereignisse. Oder die Parabel, eine Art moralisches Gleichnis. Wichtig sind auch Tagebücher und Briefe.

Mit Renaissance wird die kulturelle Bewegung in Europa im Übergang zwischen Mittelalter und Neuzeit bezeichnet. Der Begriff kommt aus dem Französischen und steht für Wiedergeburt. Gemeint ist damit die Wiedergeburt antiker Ideen.

Literatur pur

Reim dich, oder ich fress dich! Welche Formen der Lyrik gibt es?

Lyrik ist nicht gleich Lyrik. Auch Gedichte treten in recht unterschiedlichen Formen auf: als Ballade oder Sonett, als Hymne oder Lied, als Elegie oder Epigramm. Oder als Ode. Und was ist jetzt was?

Auch nach den Inhalten der Gedichte kann man in der Lyrik unterscheiden: politische Lyrik oder Liebeslyrik, Gedanken- oder Naturlyrik, Kindergedichte oder Gebrauchslyrik. Es gibt noch einige mehr.

Balladen sind die Alleskönner unter den Gedichten. Sie haben erzählerische Elemente (Handlung), dramatische (Dialoge) und lyrische (Vers und Reim). Nicht nur Goethe und Schiller liebten diese Erzählgedichte. Über die Ballade erfährst du später noch mehr.

Eine uralte Form ist die Elegie. Die gibt es schon seit der Antike. Elogos war bei den alten Griechen ein Trauergesang mit Flötenbegleitung. Elegien sind also Klagegesänge mit traurigem, resigniertem Ton. Goethe, Schiller, Hölderlin, später auch Trakl, Rilke oder Benn schrieben Elegien.

Eine sehr streng geordnete Gedichtform ist das Sonett. In der deutschen Sprache besteht es meist aus fünffüßigen Jamben. (Das heißt, das Auf und Ab von unbetonten und betonten Silben taucht in einer Verszeile fünfmal auf.) Das ganze Gedicht besteht aus vier Strophen. Zwei davon haben vier (= Quartette) und zwei haben drei Verszeilen (= Terzette). Die Vers-Enden reimen sich im Sonett: bei den Quartetten entweder kreuzweise (abab) oder umschlingend (abba).

Besonders weihevoll geht es bei der Hymne zu. In der Form ist sie frei. Inhaltlich ist sie ein feierlicher Preis- und Lobgesang. „Hymnen an die Nacht" hat zum Beispiel der Romantiker Novalis (siehe auch Seite 48) geschrieben. Ebenfalls sehr weihevoll und ungereimt ist die Ode. Und ein kurzes, geistvolles Sinngedicht nennt man Epigramm. Von einem Lied spricht man in der Lyrik, wenn ein Gedicht auch gesungen werden kann.

Was ein Drama ist, hast du wahrscheinlich schon öfter erlebt. Zu Hause, wenn du dein Zimmer nicht aufgeräumt hast und deine Mutter Theater macht. Und wie geht ein Drama in der Literatur? Gar nicht so viel anders.

Wie spielen sich Dramen ab?

Dramen gibt es als gedruckten Text, sie werden aber auch auf der Bühne dargestellt. Schauspieler ahmen dabei die Wirklichkeit nach. Sie tragen Kostüme, reden, tanzen, lachen, weinen. Die Bühne ist mit einem Bühnenbild ausgestattet. Manchmal geht es heiter zu, in Lustspielen. Oder vorwiegend heiter, in Komödien. Manchmal tragisch, etwa wenn der Held ohne absichtliches Verschulden schuldig wird – in klassischen Tragödien. Oder es geht derb und deftig zu, beim Volksstück. Manchmal erscheinen Handlung und *Dialoge* völlig absurd und sinnlos.

Dialog
Gespräch

Jedes Stück hat sein Thema, also einen Grundgedanken. Bestimmte literarische Stoffe und Motive kommen darin vor und eine Handlung – das, was die Menschen im Stück tun. Daneben gibt es noch ein Geschehen. Das kommt über die Menschen, ohne dass sie etwas dazu tun.

Ganz wichtig für jedes Drama ist der Konflikt. Der macht die Geschichte aus. Zuerst wird die Ausgangssituation dargestellt. Wenn du (Hauptdarsteller) in deinem Zimmer (Bühne) sitzt und alles verwüstet hast, dann entwickelt sich der Konflikt. Deine Mutter (Gegenspielerin) taucht auf. Es gibt Streit. Zum Schluss wird der Konflikt gelöst. Spätestens jetzt stellt sich heraus, ob die Sache Komödie oder Tragödie ist. Entweder ihr versöhnt euch und räumt gemeinsam das Zimmer auf. Oder es gibt Fernsehverbot, und du räumst alleine auf. Der traurige Held des Stückes wärst dann wohl du.

Literatur pur

Versuch doch mal, die Zeit einzufangen. Was sind Epochen?

Manche Menschen sind sehr ordentlich. Sie ordnen sogar die Zeit, die längst vergangen ist. Und kleben dann ein Etikett auf die Schubladen, damit alle wissen, was drin ist. Das kann recht praktisch sein. Muss aber nicht.

Wenn du von früher erzählst, sagst du wahrscheinlich dazu, wann das ungefähr war. „Damals, im Kindergarten …" Oder: „… in der Grundschule." Du ordnest, was du erlebt hast, und benennst so Epochen deines Lebens. Natürlich hättest du auch eine andere Einteilung finden können. Zum Beispiel in jene Zeit, als du am liebsten Erdbeereis im Becher gegessen hast. Danach käme dann die Epoche von Schoko auf der Waffel.

Das Wort Epoche ist griechisch und heißt Ausgangspunkt. In der (Literatur-)Geschichte bestimmt man größere Zeiträume, die gemeinsame Merkmale aufweisen: zum Beispiel Sprache, Moden, Stilformen oder politisch-kulturelle Ereignisse. Die kriegen dann einen Aufkleber: Mittelalter, Aufklärung, Klassik, Romantik … und so weiter. Im 18. Jahrhundert haben die Menschen der Aufklärung die Epoche Mittelalter erfunden, die sie zwischen Altertum und Neuzeit ausmachten. Meist haben sie noch das Wörtchen „dunkel" davor gesetzt, um sich selbst in ein besseres, helleres Licht zu stellen. Aber wann war das Mittelalter? Und war es wirklich immer so dunkel? Wohl kaum. Einteilungen haben eben auch etwas Willkürliches.

Bis heute streiten Wissenschaftler darüber, in welche Epochen manche Bücher gehören. Im Großen und Ganzen hat man sich jedoch geeinigt. Und das ist praktisch, weil man so leichter über Geschichte reden kann. Trotzdem sollte man sich darüber im Klaren sein, dass die Schubladen nur Hilfsmittel sind.

Im Lauf der Zeit

Was ist Mittelalter? Alles alter Käse?

Die einen finden es dunkel und abergläubisch. Die anderen sind fasziniert von edlen Rittern und schönen Jungfrauen. Das Mittelalter bietet für jeden was. Es war eine sehr bunte und exotische Epoche.

Unter deutscher Literatur des Mittelalters versteht man einen Zeitraum von etwa achthundert Jahren (750 bis 1550 n. Chr.). Die Anfänge sind in einer Sprache geschrieben, die du heute wohl als Fremdsprache bezeichnen würdest – das Althochdeutsche. Eigentlich war damals das Lateinische vorherrschend. Aber einige Mönche haben die althochdeutschen Geschichten und Zaubersprüche aufgeschrieben. Von jedem Buch gab es nur ein Exemplar, entsprechend wenige sind erhalten.

Leser oder Hörer von Literatur waren im Mittelalter vor allem die Adligen und die besser gestellten Leute in der Stadt, die so genannten Patrizier. Es kamen also nur wenige Menschen in den Genuss von Büchern.

Die Volkssprache Deutsch entwickelte sich langsam weiter. Und mit der höfischen Dichtung Ende des 12. Jahrhunderts kamen professionelle Schriftsteller ins Spiel: Hartmann von Aue, Walther von der Vogelweide oder Wolfram von Eschenbach. Sie verfassten Lieder und Vers-Epen. Vor allem Liebeslieder, die so genannten Minnelieder, waren sehr beliebt. Und die Artusromane, die Geschichten von den Rittern der Tafelrunde.

Das Mittelhochdeutsche erlebte an den Fürstenhöfen des Hochmittelalters (1170–1270) seine Blütezeit. Bücher mit der Hand zu schreiben war sehr teuer – nur Klöster, Adlige und Höfe konnten sich das leisten. Genossen wurde Literatur übrigens nicht im stillen Kämmerlein; sie wurde vorgetragen, ja regelrecht aufgeführt.

Hier eine kleine Kostprobe von Hartmann von Aue, einem der großen höfischen Kunstdichter: „Ein ritter sô gelêret was, daz er an den buochen las, swaz er dar an geschriben vant: der was Hartman genant, dienstman was er zouwe."

Im Lauf der Zeit

Nicht nur heute gibt es Popstars. Auch im Mittelalter zogen Liedermacher durch die Lande und begeisterten ihr Publikum mit Liebesliedern – zum Beispiel Walther von der Vogelweide.

I love you, babe! Was war der Minnesang?

Er galt als die heißeste One-Man Boy-Group des Mittelalters. Walther zog als fahrender Sänger durch die Gegend und hatte zahlreiche Auftritte mit selbst gedichteten Songs. Natürlich sang Walther von der Liebe. Erstens gehört dieses Thema zu den gefragtesten seit der Sache mit Adam und Eva. Und zweitens war im Hochmittelalter der Minnesang angesagt. Minne ist im Mittelhochdeutschen die Liebe. Aber weil damals die gesellschaftlichen Spielregeln streng waren, fanden in den Liedern der so genannten Hohen Minne die Liebenden nicht zueinander. Das Mädchen blieb unerreichbar, und die Jungen durften sie nur anhimmeln. Ansonsten galt: Finger weg! Diese Spielregeln fand Walther blöd. Er schätzte mehr die gleichberechtigte Liebe, die auch in Erfüllung geht. Natürlich alles in Maßen.

Seine Lieder erzählen auch Geschichten aus seinem eigenen Leben. Und da war er manchmal ganz schön angriffslustig. Zum Beispiel im Streit mit dem Kollegen Reinmar dem Alten, als es um das Verständnis von Minne ging.

Auch in die Politik hat sich Walther mit seinen Liedern eingemischt. Im Mittelalter kämpften der Kaiser und der Papst um die Vorherrschaft. Und Walther stellte sich klar gegen den Papst. Er war natürlich auch abhängig von den Fürsten, für die er Texte schrieb. Mit diesen Texten erreichte er zahlreiche Menschen. Denn Walther, der ursprünglich aus Österreich stammte, war nicht nur ein guter Liebesdichter, sondern auch ein erfolgreicher politischer Liedermacher.

Walther von der Vogelweide (1168–1228) arbeitete zunächst am Hof in Wien. Dann war er als fahrender Hofsänger unterwegs und diente verschiedenen Fürsten.

23 | Im Lauf der Zeit

Was heißt eigentlich Nibelungentreue?

1909 hat der deutsche Kanzler von Bülow von Nibelungentreue gesprochen, um die Bündnistreue des Deutschen Reichs zu Österreich-Ungarn zu beschreiben. Er bezog sich damit auf das wichtigste mittelalterliche Heldenepos.

Die Nibelungen-Saga entstand bei Passau an der Donau um das Jahr 1200 herum. Der Autor wird, wie bei allen mittelalterlichen Epen, nicht genannt. Dafür aber der Held: der mutige Königssohn Siegfried. Er ist mit allen Wassern und mit dem Blut eines Drachen gewaschen, was ihn – fast – unverwundbar macht. Außerdem besitzt er noch eine Tarnkappe, ein Zauberschwert und einen Goldschatz, den er dem Zwergenvolk der Nibelungen abgekämpft hat. Gut gerüstet, zieht er an den Hof der Burgunden, um die schöne Königsschwester Kriemhild zu erobern. Er wird dort freundlich empfangen und unterstützt König Gunther mit Tarnkappentricks. Mithilfe der Tarnkappe bekommt Gunther nämlich seine angebetete Brunhild, und Siegfried erobert seine Kriemhild. Doch es gibt Streit zwischen den Mädels. Und unser Held Siegfried wird von Hagen (einem Lehnsherrn Gunthers) hinterhältig mit dem Speer ermordet. Kriemhild heiratet den Hunnenkönig Etzel, um den Tod Siegfrieds zu rächen. Sie lockt Hagen und ihre burgundische Verwandtschaft in die Falle und lässt sie niedermetzeln. Am Ende stirbt auch Kriemhild selbst.

Das Nibelungenlied wurde in Deutschland lange Zeit für *nationalistische Propaganda* missbraucht. Heldentreue bis in den Tod ist aber eine sehr blutige Sache. Das mussten die Deutschen im Zweiten Weltkrieg erfahren, als sie bis zum bittern Ende den Nationalsozialisten die (Nibelungen-)Treue hielten.

Mit Nationalismus bezeichnet man ein Bewusstsein, das Macht und Größe des eigenen Landes als höchsten Wert erachtet.

Propaganda Verbreitung politischer Meinungen mit dem Ziel, das Bewusstsein der Menschen zu beeinflussen

Man nehme alle Wörter der Welt, jongliere damit wie ein Akrobat, erfinde neue dazu, wirble die Silben durcheinander und füge alles wieder zusammen: Fertig ist die wundersame Schatzkiste des Wortverdrehers Johann Fischart.

Wie wird der Dichter zum Buchstaben-Jongleur?

Johann Fischart (1546–1590) war ein Schriftsteller der deutschen Renaissance (siehe Seite 17). Er war Jurist, beherrschte sechs Sprachen und kannte alle wichtigen Werke der Literatur – von der Antike bis in seine Zeit. Aus diesen Büchern zitierte er viel und schuf so neue Werke. Er hat mindestens dreißig Bücher geschrieben.

Was später die Dichter im 20. Jahrhundert machten, das Experimentieren mit Sprache, hat Fischart schon vierhundert Jahre früher ausprobiert. Er liebte es, mit den Wörtern zu spielen, sie neu zu formen, neu zu erfinden. Er fabulierte, verdrehte die Silben und machte oft recht derbe Scherze. In „Flöh Hatz, Weiber Tratz" lässt er einen verwundeten Floh über die Frauen schimpfen, die den Flöhen nach dem Leben trachten. Sein Hauptwerk „Geschichtsklitterung" (1575) ist die Übertragung eines französischen Romans, den er aber nicht einfach nur übersetzt. Es wird ein eigenständiges Werk, das schwierig zu lesen ist. Aber es ist ein reicher literarischer Steinbruch mit unzähligen neuen und alten Begriffen und Wortspielen.

Fischart kämpfte als *Protestant* literarisch gegen die religiösen Eiferer auf katholischer Seite. Aber er nahm auch an der grausamen Hexenverfolgung teil. Daran sieht man, dass ein Dichter, der literarisch seiner Zeit weit voraus ist, in anderen Bereichen des Lebens genauso engstirnig sein kann wie die meisten seiner Zeitgenossen.

Protestanten sind Anhänger der evangelischen Kirche.

Ohne geht nix! Wer hat den Buchdruck erfunden?

Erst mit der Erfindung des Buchdrucks im Jahr 1455 konnten Bücher in hohen Auflagen hergestellt werden. Sie wurden dadurch preiswert und erreichten langsam auch breitere Schichten der Bevölkerung. Das war eine wahre Revolution.

Alles war streng geheim. Keiner sollte erfahren, woran der Mainzer Goldschmied und Spiegelfabrikant seit zwanzig Jahren bastelte. Er musste sich für sein Projekt Geld leihen, das aber nicht reichte. Dennoch gelang das Unternehmen, und 1455 druckte Johannes Gutenberg sein erstes Buch. Auf je 42 Zeilen, in zwei Spalten gesetzt, erschien die lateinische Bibel. Diese Gutenbergbibel war ein Meilenstein, der Beginn eines neuen Zeitalters.

Denn vor dieser Erfindung mussten Bücher mit der Hand (ab-)geschrieben werden. Das war ein mühsames Geschäft. Oft gab es nur ein einziges Exemplar. Und wenn das zerstört wurde … Klar, dass man auf diese Weise nicht besonders viele Menschen erreichen konnte. Gutenberg hatte aber die rettende Idee: Er erfand die beweglichen Lettern. Aus Stahl stichelte er die spiegelverkehrten Buchstaben, schlug sie in Kupfer und füllte den Hohlraum mit Blei. Damit hatte er gleich große Lettern, die er beliebig zu Wörtern zusammensetzen und immer wieder mit Druckerschwärze bestreichen konnte.

Die Welt des Buches war erschaffen: Es gab plötzlich mehr und mehr Schriften – politische Flugblätter und schöne Gedichte, Kochbücher und Romane. Der Aufklärer Georg Christoph Lichtenberg hat die Wirkung dieser Revolution so beschrieben: „Mehr als das Gold hat das Blei in der Welt verändert. Und mehr als das Blei in der Flinte das im Setzkasten."

Luther? Der hat doch mehr mit dem lieben Gott zu tun als mit der Literatur? Schon. Aber er hat dennoch viel für die deutsche Literatur geleistet. Denn er verfasste seine Reden und Bibelübersetzungen in deutscher Sprache.

Wie sag ich's auf gut Deutsch? Luther und die Bibel

Martin Luther (1483–1546) war der Sohn eines thüringischen Bergmanns. Er studierte Theologie, trat in ein Augustinerkloster ein und regte sich furchtbar über die Kirche auf. Vor allem dass die Pfarrer Sünden erließen, indem sie den armen Sündern ihr Geld abknöpften, hielt der streitbare Luther für eine ziemlich unchristliche Beutelschneiderei. Und so predigte er gegen die Kirche in Rom und wurde aus seinem Orden rausgeworfen, weil er nicht daran dachte, seine Kritik zurückzunehmen. Im Gegenteil, Luther schwang sich auf zum Erneuerer der Kirche, zum Anführer der Reformation (von lateinisch *reformare* = umgestalten). 1517 schrieb er seinen Protest gegen die Amtskirche auf: Das waren die berühmten „95 Thesen". Die machten ihn schnell in ganz Deutschland berühmt. 1522 übersetzte er das Neue Testament aus dem Griechischen, danach das Alte Testament aus dem Hebräischen. Die ganze deutsche Bibel erschien erstmals 1534. Luther wollte die Heilige Schrift ins „gemeine" (also gewöhnliche) Deutsch übersetzen, um die einfachen Menschen zu erreichen. Die Übersetzung sollte nicht zu wörtlich sein, sondern für den Mann auf der Straße verständlich. Und die Menschen sollten nicht durch das Lateinische daran gehindert werden, „gut deutsch zu reden". Deshalb übersetzte Luther 1530 auch etliche alte Fabeln in seine Muttersprache. Vielleicht kennst du einige davon, zum Beispiel „Der Hund im Wasser" oder „Vom Frosch und der Maus".

Spaß und Prunk trotz Krieg und Stunk! Was ist eigentlich Barock?

No Future! Die Welt ist ein Jammertal, und alles Irdische ist vergänglich. Im Zeitalter des Barock (1600–1720) klagten die Dichter gern. Und doch ging es oft auch recht heiter zu. Obwohl die Menschen viel aushalten mussten.

„Was dieser heute baut, reist jener morgen ein: Wo itzund Städte stehn, wird eine Wiese sein", heißt es in einem Gedicht von Andreas Gryphius (1616–1664). Der Schlesier hatte den Dreißigjährigen Krieg erlebt, der ganz Deutschland in ein Trümmerfeld verwandelte und vielen Menschen das Leben kostete. Kein Wunder also, dass das Lebensgefühl im Barockzeitalter sehr pessimistisch, negativ war. Alle hatten Angst vorm Tod. Glück, Macht, Ruhm und Reichtum – alles wird eines Tages vergehen. Aber wer das weiß, wird umso gieriger nach dem Leben. Er feiert und lebt im Hier und Heute. Er liebt das Prächtige, auch wenn er als Mensch „ein bald verschmelzter Schnee und abgebrante Kertzen" ist, wie Gryphius schreibt.

Barock ist eine Stilrichtung, die in ganz Europa und in allen Künsten verbreitet war. In Deutschland fingen die Dichter erst langsam an, nicht mehr in Lateinisch, sondern auf Deutsch zu schreiben. Ihre Sprache war oft sehr hochgestochen, gekünstelt, manieriert. Daher stammt der Ausdruck Manierismus, der für die frühe barocke Zeit verwendet wird. Die Dichter schrieben meist im Auftrag der absolutistischen Fürsten und wollten als besonders scharfsinnig und schlau gelten. Die Leser sollten staunen über den „Poeta doctus", über den gelehrten Dichter. Paul Fleming und Andreas Gryphius waren solche. Aber es gab auch Ausnahmen. Grimmelshausen zum Beispiel. Er hatte sich alles selbst beigebracht. Seine Sprache war die des Volkes.

Das Wort Barock kommt aus der Sprache der Juweliere und meint eine schiefrunde, unregelmäßige Perle. Zu unregelmäßig, schwülstig und unnatürlich fanden auch Kritiker die Kunst jener Zeit. Und nannten die Stilrichtung deshalb abwertend Barock.

Im Lauf der Zeit

Stell dir vor, die Jugend eines Menschen ist gänzlich von Krieg überschattet. Dann ergeht es ihm wie dem armen Simplicius Simplicissimus. Er ist der Held des ersten bedeutenden Romans, der auf Deutsch geschrieben wurde.

Stolpernd durch die wirre Weltgeschichte – wer ist Simplicissimus?

Simplicius ist lateinisch und heißt der Einfältige. Und tatsächlich wirkt der Bursche in diesem Schelmenroman anfangs recht tölpelhaft. In der Ich-Form erzählt er von seinem Leben im Dreißigjährigen Krieg, der ganz Mitteleuropa verwüstete. Er erzählt, wie die Soldaten ihn als Zehnjährigen vom elterlichen Hof im Spessart vertreiben und er zu einem alten Einsiedler kommt, der ihn den christlichen Glauben lehrt. Liebe und Güte passen aber nicht zusammen mit den grausamen Ereignissen des Kriegs: Da wird geplündert und gemordet, geraubt und geschändet. „Den Knecht legten sie gebunden auf die Erd, steckten ihm ein Sperrholz ins Maul, und schütteten ihm einen Melkkübel voll garstig Mistlachenwasser in Leib, das nenneten sie ein Schwedischen Trunk." Auch Simplicius wird vom Schicksal arg gebeutelt. Er wird entführt, muss als Knecht dienen und als Narr, gerät als Soldat in Gefangenschaft und wird bald selbst ein rauer Bursche, der plündert und brandschatzt. Unter solchen Leuten geht es derb zu, und so ist auch die Sprache des Schriftstellers Hans Jakob Christoffel von Grimmelshausen (1622–1676) oft sehr drastisch. Er wusste, wovon er schrieb, denn er erlebte die Wirren seiner Zeit selbst. Sein Roman „Der Abenteuerliche Simplicissimus Teutsch" erschien zwanzig Jahre nach Ende des großen Kriegs. Bei aller Kritik an der Gesellschaft gibt es in dem Buch aber auch viel hintergründigen Humor.

Der Wirtssohn Hans Jakob Christoffel von Grimmelshausen war erst 13 Jahre alt, als er 1635 von Soldaten gefangen und für viele Jahre zum Kriegsdienst gezwungen wurde.

Was ist Aufklärung? Mehr als die Sache mit den Bienen und Vögeln

Selber denken macht schlau, sagten die Aufklärer im 18. Jahrhundert. Sie waren zuversichtlich, was die Zukunft angeht. Denn sie glaubten, dass die Welt besser werden kann und der Mensch den Kopf nicht nur zum Kämmen hat.

Die Frage „Was ist Aufklärung?" hat einer der bedeutendsten deutschen Philosophen 1784 beantwortet. Immanuel Kant (1724–1804) aus Königsberg schrieb nämlich: „Aufklärung ist der Ausgang des Menschen aus seiner selbst verschuldeten Unmündigkeit. Unmündigkeit ist das Unvermögen, sich seines Verstandes ohne Leitung eines anderen zu bedienen."

Selbst schuld ist der Mensch dann, wenn er nicht zu dumm ist zum Denken, sondern zu faul. Oder zu feige. Also, strengt euch an, und traut euch, selbst zu denken. Sagt Kant. Allerdings sieht er schon ein, dass das für den einzelnen Menschen nicht immer ganz einfach ist. Deshalb brauche es ein großes (Lese-) Publikum. Und natürlich die Gedanken- und Redefreiheit.

Das war neu. Denn in den Jahrhunderten davor war der Mensch eingezwängt in ein festes Korsett. Er musste sich die Welt denken, wie sie in der Bibel stand. Dies ändert sich in der Epoche der Aufklärung (1720–1785). Vernunft und Empfindung des Menschen werden die wichtigsten Themen der Schriftsteller. Und natürlich der Fortschritt.

Christian Thomasius (1655–1728) ist so ein deutscher Kämpfer für den Fortschritt. Er ist 32 Jahre alt und Rechtsprofessor in Leipzig, als er seine Vorlesungen auf Deutsch hält. Und das ist außergewöhnlich, denn die Gelehrtensprache ist noch Latein. Thomasius setzt sich mutig für religiöse und gesellschaftliche Toleranz ein. Er bekämpft die Hexenverfolgungen

Im Lauf der Zeit

seiner Zeit und die Folter. Er ist sozusagen ein Menschenrechtskämpfer. Und der erste deutsche Gelehrte, der sich als „Journalist" an ein breiteres Publikum wendet.

Das Bürgertum, das sich in England und später auch in Frankreich gegen die Herrschaft des Adels erhebt, interessiert sich für Literatur, Wissenschaft und Philosophie. Zeitschriften und Lesegesellschaften schießen wie Pilze aus dem Boden. Um das Jahr 1800 herum kann immerhin schon jeder Vierte lesen. Ob er es auch tut, ist natürlich eine andere Frage.

Was aber wollen die Künstler? Sie wollen sich nicht mehr an die strengen Regeln höfischer Kunst halten. Sie wollen „natürlich" sein.

Natur wird ein wichtiger Begriff in der Aufklärung.

Der naturwissenschaftlich denkende Mensch soll sich vom Aberglauben der Religion lösen. Er soll Licht in die Sache bringen, also aufklären. Gott hat zwar die Welt erschaffen, überlässt sie aber danach sich selbst und den Menschen. Diese Auffassung nennt man Deismus. Die Schriftsteller wollen auch, dass sich der menschliche Geist selbstständig entwickelt. Die Kunst soll die Natur nachahmen und dem Menschen nützlich sein. Sie soll ihn belehren, aber auch unterhalten.

In Deutschland sind die wichtigsten Vertreter der Aufklärung Gotthold Ephraim Lessing (1729–1781) und Georg Christoph Lichtenberg (1742–1799). Lessing ist einer der ersten freien Schriftsteller in Deutschland. Mit neunzehn Jahren beschließt er, vom Schreiben zu leben, ohne als Beamter am Hof gegängelt zu werden. Ein mutiger Schritt, denn als Schriftsteller kann man sich keine goldene Nase verdienen. Lessing ist also ständig in Geldnot. Er arbeitet als Kunstkritiker, Dichter, Bibliothekar, Sekretär und Dramaturg. Sein Leben lang aber sucht er nach der Wahrheit – mit dem Verstand.

Die Aufklärung war in ganz Europa verbreitet. Zuerst setzte sie sich in England und Frankreich durch. John Locke und David Hume sind ihre wichtigsten Denker in England. In Frankreich sind vor allem Voltaire, Diderot und Montesquieu bedeutend.

Echt Lessing: Wie lehrt Nathan Toleranz?

Welche Religion hat den wahren Gott? Wegen dieser Frage haben sich Menschen schon oft die Köpfe eingeschlagen. Der Held eines berühmten Theaterstücks hält das für Unsinn. Er ist dafür, dass die Leute tolerant sein sollen.

fanatisch
sich mit blindem Eifer für etwas einsetzen

Der Schriftsteller Gotthold Ephraim Lessing hatte Streit mit einem intoleranten Hamburger Pastor. Der Herzog verbot dem Schriftsteller aber, weiter gegen den *fanatischen* Pfarrer zu schreiben. Da hatte Lessing eine Idee. Er verpackte seine Kritik in ein Theaterstück: „Nathan der Weise". Und was will Lessing uns sagen? Es ist nicht wichtig, welche Religion Recht hat. Es ist wichtiger, dass wir Menschen ein richtiges Leben führen. Wir sollen andere lieben, ihnen helfen, sie respektieren. Und wir sollen ihren Glauben tolerieren.

Lessing kämpfte gegen die Rechthaberei. Mit einem Theaterstück, das in Jerusalem zur Zeit der Kreuzzüge spielt. Es geht dabei um ein munteres Familiendrama, an dem Juden, Moslems und Christen beteiligt sind. Als die Frage auftaucht, welche der drei Religionen die wahre sei, erzählt der alte, weise Nathan eine Geschichte: die Parabel (aus dem Griechischen für Gleichnis) von den drei Ringen: Ein reicher Mann besaß einen Ring, der die geheimnisvolle Wirkung hatte, „vor Gott und Menschen angenehm zu machen, wer ihn mit Zuversicht trug". Leider war's nur ein Ring, der Mann hatte aber drei Söhne. Also ließ er den Ring nachmachen und vererbte jedem einen. Keiner der Söhne wusste, wer den echten Ring besaß. Alle drei sollten so handeln, als hätten sie ihn. Sie sollten aber auch den anderen diesen Glauben lassen. Denn keiner konnte behaupten, im Besitz der einzigen Wahrheit zu sein.

Die Ringparabel ist auch heute noch sehr aktuell. Lessing fordert mehr Menschlichkeit und Toleranz. Jeder soll nach seiner Fasson glücklich werden. Aber auch den anderen leben lassen.

Im Lauf der Zeit

Es ist kaum zu glauben, aber es gibt ein Paradies auf Erden. Zumindest in den Köpfen der Schriftsteller. Johann Gottfried Schnabel hat auf seiner „Insel Felsenburg" versucht, eine perfekte Gesellschaft zu beschreiben.

Der Traum von der besseren Welt: Bist du schon reif für die Insel?

Seit es Menschen gibt, träumen sie von einer besseren Welt, weil im wirklichen Leben so viel Leid und Ungerechtigkeit herrschen. Schriftsteller gehören von jeher zu denen, die solche Zustände in der Gesellschaft kritisieren. Johann Gottfried Schnabel (1692–1751), ein Pfarrerssohn aus Sachsen-Anhalt, war so einer. Er schrieb einen Roman, in dem er seinen Idealstaat beschrieb. Die „Insel Felsenburg" ist ein Fantasieort, ein Nicht-Ort (griechisch *Utopie*).

Bei Schnabel wenden sich einige Seefahrer von Europa ab und gründen einen Staat auf Felsenburg. Aber was war so schlecht an der wirklichen Welt? Schnabel schildert die europäische Zivilisation als verdorben. Es wimmelt nur so von „herumschweifenden Mördern, Spitzbuben und Dieben". Schuld ist die Habgier der Menschen. Das Privateigentum schafft Reiche und Arme, und das führt zu Konflikten. Die einen sind wohlhabend und tun nichts, die anderen schuften und haben nichts.

Im Gegensatz dazu die Insel Felsenburg: ein Paradies auf Erden. Die Menschen leben in Ruhe, ohne Verfolgung, Kummer und Sorgen. Die Dinge des täglichen Lebens gehören allen gemeinsam. Bauern und Handwerker tauschen ihre Produkte, Geld zählt nicht mehr. Obwohl es reichlich Gold und Silber auf der Insel gibt, hat es keine Bedeutung, weil es nur zu Streit führt. Das höchste Gut der Völker aber ist der Frieden. Ob solche Utopien je Wirklichkeit werden können?

Im 18. Jahrhundert sind Romane über Schiffbrüchige weit verbreitet. „Robinson Crusoe" ist der berühmteste. Man nennt solche Romane deshalb Robinsonaden.

Kleiner Mann, ganz groß: Wer war Georg Christoph Lichtenberg?

Was macht einer, der körperlich ganz schwach und behindert ist? Er entwickelt andere Fähigkeiten. Wie zum Beispiel Georg Christoph Lichtenberg. Er hatte einen Buckel. Und wurde ein brillanter und witziger Schriftsteller.

Viele Schriftsteller im 18. Jahrhundert sind Kinder von protestantischen Pfarrern. Auch Georg Christoph Lichtenberg (1742–1799). Er ist das jüngste von siebzehn Geschwistern und hat in seiner Kindheit viel Pech. Denn er wird krank, hat ein krummes Rückgrat und ist kleinwüchsig. Kein Wunder, dass sich Lichtenberg später heftig gegen eine seltsame Theorie wehrt, wonach man den Charakter eines Menschen an seiner äußeren Erscheinung erkenne. Lichtenberg schreibt mit spitzer Feder und beißendem Humor gegen solchen Aberglauben und gegen jede Form von Intoleranz.

Bis zu seinem Lebensende leidet Lichtenberg an seiner Behinderung. Die Nachwelt aber verehrt ihn. Der Schriftsteller Kurt Tucholsky schreibt im 20. Jahrhundert: „Lichtenberg hatte ein heißes Herz und einen kalten Verstand".

Er wird Professor für Physik und Mathematik in Göttingen und schreibt viele schlaue Aufsätze. Berühmt aber wird er mit seinen „Sudelbüchern": Als 23-Jähriger beginnt er, eine Art Tagebuch zu führen, in das er alle seine Gedanken und Einfälle schreibt. Es sind geistreiche, scharfsinnige und recht witzige Gedanken. Oft nur ein paar Zeilen. Aber die haben es in sich. Man nennt solche kurzen, prägnanten Sinnsprüche auch Aphorismen (von griechisch *aphorizein* = abgrenzen, definieren). Lichtenberg hat sie als Erster in die deutsche Literatur eingeführt. Er war darin ein Meister. Hier zwei Beispiele: „Wenn Leute ihre Träume aufrichtig erzählen wollten, da ließe sich der Charakter eher daraus erraten als aus dem Gesicht." – „Wer in sich selbst verliebt ist, hat wenigstens bei seiner Liebe den Vorteil, dass er nicht viele Nebenbuhler erhalten wird."

Im Lauf der Zeit

Immer nur vernünftig sein? Alles ordentlich und wohl geregelt? „Nein danke!", sagten sich die Stürmer und Dränger im 18. Jahrhundert. Wo bleibt denn da die Freiheit? Sie setzten auf ihr Gefühl und auf geniale Einfälle.

Türen und Fenster zu! Was war der Sturm und Drang?

Sturm und Drang ist die Epoche der Jahre 1767 bis 1785. Welches Lebensgefühl haben Schriftsteller in dieser Zeit? Sie wollen ein freies und natürliches Leben führen. Das ist in jenen Tagen nicht so einfach. Es sind *Despoten*, die herrschen, und in die Politik können sich kritische junge Menschen eher nicht wagen. Also schreiben sie Bücher, um ihre Ideen umzusetzen.

Despot
Gewaltherrscher, Tyrann

Freiheit? Natürlichkeit? Kennen wir doch schon von der Aufklärung? Stimmt. Das haben die beiden Epochen auch gemeinsam. Und doch stellt sich der Stürmer und Dränger gegen die vernunftbetonten Aufklärer. Er sucht das Echte, will mehr Gefühl, mehr Herz zeigen. Selbstbewusst entdeckt er seine eigene Unverwechselbarkeit. Er ahnt die Dinge, fühlt sie. Und er glaubt nicht mehr daran, dass die Menschen durch Kultur besser werden. Kunst ist für ihn nicht da, um aufzuklären und die Leute zu unterhalten. Sie ist eine göttliche Offenbarung. Und gemacht wird sie vom Genie, vom gleichsam göttlichen Erfinder, der auch die unaussprechlichen Dinge ausspricht.

Wenn der Aufklärer von Natur sprach, dann meinte er Naturwissenschaft. Er ging mit dem Lineal daran und hat die Natur vermessen. Der Stürmer und Dränger will so eine Entzauberung nicht mitmachen. Er verehrt die Natur und besingt sie. Die einfachen Landleute und die Kinder, die noch nicht von der Kultur verdorben sind, sind dem Stürmer und Dränger lieber als die gescheiten Salonlöwen der Aufklärung.

Der Name Sturm und Drang kommt von einem gleichnamigen Theaterstück, das Friedrich Maximilian Klinger geschrieben hat. Die wichtigsten Werke sind Schillers „Kabale und Liebe" (1784) und „Die Räuber" (1781) sowie Goethes „Götz von Berlichingen mit der eisernen Hand" (1773) und „Die Leiden des jungen Werther" (1774). Vorbild dieser jungen Wilden ist der französische Philosoph Jean-Jacques Rousseau.

35 | Im Lauf der Zeit

Was verbindet Werther mit einer unseligen Mode?

Schön, wenn Bücher gelesen werden und etwas bewirken. Aber manchmal geht es zu weit. Zur Goethezeit haben sich viele Jugendliche das Leben genommen. Weil sie ein Buch gelesen hatten: „Die Leiden des jungen Werther".

Werther ist ein einfühlsamer und fantasievoller junger Künstler. Wegen einer Erbschaft kommt er in eine Kleinstadt. In zahlreichen Briefen an seinen Freund Wilhelm schreibt er, wie es ihm dort ergeht. Bei einem Ball lernt er eine junge Frau namens Lotte kennen. Die ist zwar mit einem Langweiler verlobt, dennoch verliebt sich Werther unsterblich in sie. Er trifft seine Angebetete häufig und leidet wortreich. Schließlich versucht er, der Qual zu entkommen, und nimmt woanders einen Job an.

Der „Werther" ist der wichtigste Roman des Sturm und Drang. Zugleich aber überwindet Goethe damit diese gefühlsbetonte Epoche. Zu viel Herz, Schmerz und Gefühl ist eben auch nicht gesund. Wie man am Schicksal Werthers sehen kann.

Aber er wird nicht glücklich, er muss zurück zu seiner Lotte. Die ist mittlerweile mit dem Langweiler verheiratet. Jetzt geht's vollends bergab mit Werther: „Ich begreife manchmal nicht, wie sie ein anderer lieb haben kann, lieb haben *darf*, da ich sie so ganz allein, so innig, so voll liebe, nichts anders kenne, noch weiß, noch habe als sie!" Am Ende schickt Werther seinen Angestellten, um eine Pistole von Lotte auszuleihen, und erschießt sich damit.

Eineinhalb Jahre dauern in diesem Briefroman die Leiden Werthers. Bis er am Ende an seiner Liebe zerbricht. Johann Wolfgang von Goethe hat mit diesem Buch das Lebensgefühl der jungen Generation getroffen. Der Erfolg in ganz Europa war umwerfend. Im wahrsten Sinn des Wortes. Denn das Werther-Fieber kostete einige Jugendliche das Leben. Sie hatten sich zu sehr mit ihrem Helden gleichgesetzt, identifiziert. Goethes Buch aber wurde der erste moderne deutsche Roman.

Zur Zeit Goethes und Schillers standen Balladen hoch im Kurs. Denn sie hatten von allem etwas. Sie waren Lieder, Dramen und Erzählungen in einem. Eine Urform der Literatur. Gedacht vor allem für die Leute des Volkes.

Was ist das Ur-Ei der Dichtung?

Da wurden die sonderlichsten und schauerlichsten Geschichten gesungen. Denn ursprünglich war die Ballade mit ihren Reimen und Refrains zum Singen gedacht. Bänkelsang nannte man im Mittelalter das, was auf den Jahrmärkten an gruseligen Geschichten über Mörder und Spitzbuben vorgetragen wurde. Die Volksballade wurde mündlich überliefert, war aber im 17. Jahrhundert fast ausgestorben. Erst Ende des 18. Jahrhunderts fing man an, die Texte ernsthaft aufzuschreiben. Goethe nannte sie das „Ur-Ei der Dichtung". In solchen Kunst-Balladen konnte fast alles zum Thema werden. Hauptsache, es war ein außergewöhnliches Ereignis. Gottfried August Bürger (1747–1794) erzählt in seiner berühmten Ballade „Lenore" eine alte Sage. Der Geist eines Soldaten, der im Krieg gefallen ist, taucht als Gespensterreiter auf und entführt sein Mädel ins Totenreich. Na, wenn das kein außergewöhnliches Ereignis ist! Gruselig ist es allemal:

Im 19. Jahrhundert wurden viele Ritter- und Gespensterballaden gedichtet. Außerdem waren Ereignisse aus der Geschichte, später auch soziale Missstände ein Thema. Bert Brecht (siehe auch Seite 86) hat im 20. Jahrhundert viele solche Erzählgedichte geschrieben.

Nun tanzten wohl bei Mondenglanz,
Rundum herum im Kreise,
Die Geister einen Kettentanz,
Und heulten diese Weise:
„Geduld! Geduld! Wenn's Herz auch bricht!
Mit Gott im Himmel hadre nicht!
Des Leibes bist du ledig;
Gott sei der Seele gnädig."

Im Lauf der Zeit

Sind die Räuber nur Ganoven?

Manchmal werden Schriftsteller über Nacht berühmt. Und manchmal bekommen sie Riesenärger. Friedrich Schiller erlebt mit „Die Räuber" beides. Das rebellische Drama löst heftige Debatten aus. Und Schiller muss fliehen.

Als das Stück „Die Räuber" 1782 in Mannheim zum ersten Mal gespielt werden sollte, verlangte der Theaterdirektor vom 22-jährigen Autor, dass er es umschreibt. Denn das Thema war scharf wie eine Bombe. Es ging um Rebellion und politische Gewalt.

Der Graf von Moor hat zwei Söhne, Karl und Franz. Franz ist sauer, dass er als jüngerer Sohn nie Graf werden kann. Also schwärzt er Karl beim Vater an. Er verbreitet Lügen und sorgt dafür, dass der Vater dem älteren Bruder das Vertrauen entzieht.

Karl ist darüber enttäuscht und wird Räuberhauptmann. In den Böhmischen Wäldern kämpft er für die Unterdrückten und Armen gegen die Tyrannen und Ausbeuter. Klingt gut, aber die Methoden der Räuber sind nicht immer edel. Auch unschuldige Frauen und Kinder werden ihre Opfer. Deshalb möchte Karl aussteigen aus der Terroristenbande. Er will heim, da wartet die Geliebte. Trotz Verkleidung erkennt ihn sein verlogener kleiner Bruder Franz und will ihn töten. Als das scheitert, bringt sich Franz selbst um. Aber auch Karl wird nicht glücklich. Zu tief in Schuld verstrickt, will er für sein Unrecht büßen. Er tötet seine Geliebte und liefert sich selbst der Polizei aus.

Schillers Sturm-und-Drang-Stück wird ein großer Publikumserfolg. Aber seinem Herzog hat es nicht gefallen. Er verbietet dem Autor, weiter zu schreiben, und droht, ihn in den Kerker werfen zu lassen. Schiller flieht daraufhin aus Stuttgart.

Im Lauf der Zeit

Keine Angst, jetzt gibt's keins auf die Nase. Mit Boxen hat das faustische Lebensgefühl nämlich nichts zu tun. Mehr mit der Suche nach dem Geheimnis des Lebens. Professor Faust geht dabei sogar einen Pakt mit dem Teufel ein.

Den Faust in der Tasche. Neugierig?

Der Mann will einfach alles wissen. Philosophie, Medizin, Jura und Theologie hat er schon studiert. Aber das reicht ihm nicht. Er will wissen, was die Welt im Innersten zusammenhält. Und er will sie besitzen. Deshalb versucht er es mit Magie und Zauberei. Er verkauft seine Seele dem Bösen und schließt mit dem Teufel eine Wette ab. Faust will die Wissensgrenzen, die dem Menschen von Gott gesetzt sind, überschreiten. Einen solchen geistigen Abenteurer namens Johann Georg Faust hat es tatsächlich gegeben. In der Überlieferung des Volkes war dieser Astrologe und Alchimist immer vorhanden. Auch Goethe hat seine Geschichte aufgegriffen, aber immer wieder verändert. Zwischen den verschiedenen Fassungen liegen Jahrzehnte.

Der Faust hat auch andere Dichter beschäftigt. Das Streben nach Herrschaft über die Natur ist typisch für die europäischen Menschen, sagten viele. Der rastlose, moderne Mensch hat in der Tat viele Dinge erfunden, die eine zerstörerische Seite haben. Bereits in Goethes Urfaust aber ist ein zweites Drama eingebaut, in dem es um eine ungewollte Schwangerschaft geht. Das Thema war im Sturm und Drang sehr verbreitet. Die Dichter kritisierten, wie die Gesellschaft damit umging. Bei Goethe verführt Faust das Gretchen, das schwanger wird. Grete tötet ihr Kind und kommt ins Gefängnis. Er möchte sie retten, aber sie will nicht. In Faust I wird sie durch eine höhere Macht gerettet.

Im 18. Jahrhundert war diese Legende der perfekte Stoff für die Dichter. Sie waren fasziniert vom Genie, das die menschlichen Grenzen sprengt. Goethe hat drei sehr unterschiedliche Fassungen des Dramas geschrieben. Der Urfaust entstand 1773-75, Faust I 1808 und die Fortsetzung, Faust II, 1833. Sie gehören zu den wichtigsten Dramen in deutscher Sprache.

Und wo bitte liegt Weimar? In der Klassik!

Klassiker sind Musterknaben. Das lateinische Wort classicus bedeutet nämlich mustergültig. Ein Vorbild also, das die Zeiten überdauert. Klassisch nennt man ein Kunstwerk aber auch, wenn es sich an der Antike orientiert.

Die Kunst der alten Römer und Griechen ist ruhig, maßvoll und geregelt. Sie strebt nach Harmonie und Ausgleich der Gegensätze. So lieben es auch die deutschen Dichter um das Jahr 1800. Sie mögen keine verspielten Schnörkel wie im Manierismus. Auch keine rebellischen Aufgeregtheiten und Gefühlswallungen wie noch im Sturm und Drang. Nun ja, im Alter wird der Mensch eben etwas ruhiger. Als Schiller und Goethe älter wurden und ihre wilde Zeit vorbei war, orientierten sie sich am klassischen Kunstideal. Und wurden selbst Klassiker der deutschen Literatur.

Goethes Name ist mit der Epoche (1786–1832) so eng verbunden, dass man auch von der Goethezeit spricht. Weil er und Schiller damals im thüringischen Weimar leben, nennt man die Zeit auch Weimarer Klassik. Sie ist für die deutsche Literaturgeschichte wichtig, weil bedeutende Werke verfasst werden: Goethes Romane „Wilhelm Meisters Lehrjahre" und „Die Wahlverwandtschaften". Oder Schillers Geschichtsdramen „Wallenstein", „Maria Stuart" und „Die Jungfrau von Orleans".

Der Weimarer Herzog Karl August fördert die Kultur sehr stark. Der Fürstenhof ist in ganz Deutschland bekannt, man spricht vom „Weimarer Musenhof". (Die Musen waren antike Göttinnen, die sich um die schönen Künste, die Musik und die Literatur kümmerten. Wer also gut Gitarre spielt oder Gedichte schreibt, ist von der Muse geküsst.)

Auch Schriftsteller, die nicht zum Weimarer Hof gehören, sind von der Muse geküsst und schreiben Klassisches. In Friedrich Hölderlins Gedichten wimmelt es nur so von alten griechischen Göttern. Und dann gibt es auch Autoren, die ihrer Zeit weit voraus sind. In Jean Pauls Romanen wird die Romantik schon spürbar. Oder der Sachse Johann Gottfried Seume. Er wandert 1801 zu Fuß bis nach Süditalien. Eine gefährliche Reise, denn überall lauern Räuber und Wegelagerer. Der Titel seines Buches „Spaziergang nach Syrakus" ist jedenfalls ganz schön untertrieben. Wichtiger als die körperliche Leistung Seumes ist jedoch seine Geisteshaltung. Goethe und die anderen Bildungsreisenden suchten in Italien vor allem das Ideal der Antike. Seume hingegen interessiert sich nicht nur für Kunst und Landschaft, sondern auch für die politischen und sozialen Missstände in Italien. Die klagt er in seinem Buch auch an.

Unsere klassischen Musterknaben interessieren sich nicht so sehr für die Allerweltsprobleme der einfachen Leute.

Ihnen ist die Kunst wichtig.

Kunst soll die Gesetzmäßigkeit des menschlichen Lebens zeigen. Der Mensch strebt nach dem Schönen, Wahren und Guten, damit er frei und selbstbestimmt leben kann. Und zwar mithilfe der Kultur. Nicht mehr wild und stürmisch, sondern geregelt und gebändigt geht es zu. In der Kunst wie im Leben. „Erst wenn der Mensch die Gesetze des Schönen erkennt, wird er vernünftig", schreibt Schiller.

Und es werden immer mehr, die vernünftig werden wollen. Denn Anfang des 19. Jahrhunderts wird das literarische Angebot immer größer. Bei der Buchmesse in Leipzig werden viele Bücher angeboten. Erst zum Tauschen, später auch zum Kaufen. Und die Autoren sind mittlerweile echte Berufsschriftsteller.

Alles Schiller, oder was? Noe! Aber Goethe mit h!

Ist dieser Schiller jetzt eigentlich von Goethe? Oder umgekehrt? Keines von beiden. Die Herren sind nicht erfunden. Sie haben wirklich gelebt. Und wie! Hier kommen Superman eins und Superman zwei der deutschen Literatur:

Vielleicht hast du in deiner Klasse ja auch so einen, der alles kann. Mathe, Englisch, Bio – überall super. Und in Sport auch noch ein Ass. Ein richtiges Wunderkerlchen eben. So ähnlich muss man sich wohl den Hessen Johann Wolfgang Goethe (1749–1832) vorstellen. Der Mann konnte fast alles: Gedichte schreiben und Dramen, Romane und wissenschaftliche Aufsätze. Er hat sich mit Pflanzen ausgekannt und mit Steinen, mit Farbenlehre und Optik. Als 35-Jähriger entdeckt er mal so nebenbei ein Körperteil, das noch keiner kannte: den Zwischenkieferknochen. Und obendrein ist er noch Politiker. Da kümmert er sich darum, dass Straßen gebaut werden und die Finanzen stimmen. Für so viel Fleiß wird er zum Geheimrat ernannt. Und 1782 sogar zum Adligen. Also bitte schön: Herr *von* Goethe!

Klar, damals war die Stofffülle noch nicht so riesig wie heute. Dennoch ist es erstaunlich, was der Mann geleistet hat. Und was er alles wusste. Wahrscheinlich, weil's noch keinen Fernseher gab. Als Kind wurde er von seinem Papa unterrichtet, der war kaiserlicher Rat. Und Mutti war immerhin Bürgermeisterstochter. Aber das erklärt natürlich nicht seine große Begabung.

Goethe studiert Jura in Leipzig. Er wird schwer krank und kann sein Studium erst 1771 in Straßburg fortsetzen. Danach arbeitet er als Jurist, hat aber noch genügend Zeit für die Literatur. Mit 24 erscheint sein Drama „Götz von Berlichingen".

Danach gleich der Briefroman, der ihn weltberühmt macht: „Die Leiden des jungen Werther". Auf Einladung von Herzog Karl August zieht er nach Weimar, wo er ab 1776 im Staatsdienst arbeitet. Aber er will noch was sehen von der Welt und reist zweimal für längere Zeit nach Italien.

Bis ins hohe Alter hinein schreibt Goethe viel.

Er ist berühmt. Könige und Schriftsteller suchen ihn auf. Und er ist sich seiner Bedeutung auch bewusst. Manche Zeitgenossen sagen, er sei ziemlich arrogant und unsympathisch gewesen.

Trotzdem war er mit dem zweiten Superman der deutschen Literatur befreundet, mit dem Schwaben Friedrich Schiller (1759–1805). Dessen Leben ist ganz anders verlaufen. Schiller stammt aus eher ärmlichen Verhältnissen. Sein Vater ist Wundarzt beim Militär. Friedrich geht auf die Lateinschule und will eigentlich Pfarrer werden. Aber auf Wunsch des Herzogs geht er auf die Militärschule, studiert Jura und später Medizin. Noch zu Studienzeiten schreibt er sein erstes Drama „Die Räuber". Als es in Mannheim auf die Bühne kommt, bringt es Schiller viel Applaus, aber auch Ärger ein (siehe Seite 38). Er muss fliehen, auch weil er keine Lust auf den dumpfen Zwang des Militärs hat. Er will lieber schreiben und frei sein. Als Weltbürger, nicht als Untertan eines Fürsten.

Aber Freiheit kann ganz schön anstrengend sein. Schiller ist ständig pleite und obendrein krank. Sein Lungenleiden wird er bis zum Tod nicht mehr los. Er lebt von journalistischen Gelegenheitsjobs. 1791 bricht er zusammen, weil er zu viel gearbeitet hat. Großzügige Freunde unterstützen ihn danach.

1794 begegnen sich Schiller und Goethe wieder, nachdem sie sich einige Jahre zuvor mal kurz gesehen hatten. Es entsteht eine Freundschaft, und die beiden arbeiten eng zusammen. Schiller zieht nach Weimar, wo er dann mit 45 Jahren stirbt.

Wichtige Werke Goethes:

1773	Götz von Berlichingen
1774	Die Leiden des jungen Werther
1779	Iphigenie auf Tauris
1788	Egmont
1790	Torquato Tasso
1797	Hermann und Dorothea
1795	Wilhelm Meisters Lehrjahre
1808	Faust, 1. Teil
1809	Die Wahlverwandtschaften
1833	Faust, 2. Teil

Wichtige Werke Schillers:

1781	Die Räuber
1784	Kabale und Liebe
1787	Don Carlos, Infant v. Spanien
1800	Wallenstein
1801	Die Jungfrau von Orleans
1801	Maria Stuart
1803	Die Braut von Messina
1804	Wilhelm Tell

Viva Italia! Was hat Italien mit Goethe zu tun?

Sonne, Eis und Pizza – klar, wer fährt nicht gern nach Italien. Auch Goethe war da. Allerdings aus anderem Grund. Den Dichter begeisterten Kunst und Antike. Die Reise veränderte sein Leben und seine Art zu schreiben.

Allerdings begnügte sich der Meister nicht mit zwei Wochen Ferien an der Adria. Goethe war von September 1786 bis Juni 1788 mit der Kutsche unterwegs und durchquerte den ganzen Stiefel. Über den Brenner, Venedig, Florenz und Rom reiste er nach Neapel, dann mit dem Schiff weiter bis Sizilien. Er hatte also viel Zeit, genau zu schauen. Und das lernte er bei seinem Italien-Aufenthalt auch: das reine Schauen, die Dinge so wahrzunehmen, wie sie sind.

Er sah die Welt plötzlich mit neuen Augen, mischte sich unters einfache Volk, bestieg den Vesuv und bestaunte die alten Tempel. Die Kunst, so schrieb er, sollte eine andere, eine zweite Natur sein. Angeregt wurde Goethe von den Werken der alten Römer und Griechen. Die veränderten seine Arbeit. Harmonisch, gleichmäßig, geregelt und wohl proportioniert soll ein klassisches Kunstwerk sein. Vor allem seinen Aufenthalt in der Ewigen Stadt Rom sah Goethe als persönliche Wiedergeburt. Das war verständlich: Er war 37 Jahre alt, hatte Karriere gemacht und seinen Amts-Job in Weimar ziemlich satt. Obendrein war er unglücklich in Charlotte von Stein verliebt. Also ab in den Süden, hatte sich der Geheimrat gesagt, und war ausgestiegen. Auf Zeit. Was ihm später viele Künstler nachmachten. Freilich hat Goethe in Italien nicht gebummelt. Er arbeitete an seinen Dramen „Iphigenie" und „Egmont", er zeichnete, schrieb Briefe und Tagebücher.

Goethes Italien-Tagebücher sind 1816/17 als seine „Italienische Reise" erschienen.

Im Lauf der Zeit 44

Den Apfel von der Birne: Wer war Wilhelm Tell?

Aus achtzig Schritt Entfernung mit einer Armbrust einen Apfel vom Kopf schießen? Zum Nachmachen ist die Sache wirklich nicht geeignet. Aber sie geht gut aus. Wenigstens in der Legende. Und im Drama von Friedrich Schiller.

Ob es diesen Wilhelm Tell mit seiner Armbrust wirklich gegeben hat, wissen wir nicht. Aber in den Geschichten über die Gründung der Schweiz taucht er oft auf. Um 1300 ist das schöne Heidi-Ländle nämlich von den Österreichern besetzt. Die Schweizer wehren sich gegen die Zwangsherrschaft. Sie schwören Einigkeit. Der so genannte Rütli-Schwur findet bei Schillers Drama „Wilhelm Tell" in der zweiten Szene des zweiten Akts statt: „Wir sind *ein* Volk, und einig wollen wir handeln."

Weil Tell die österreichischen Soldaten nicht grüßt, soll er verhaftet werden. Gessler, der Anführer der Österreicher, zwingt Tell, seinem eigenen Sohn einen Apfel vom Kopf zu schießen. Schießt er zu hoch, muss er in den Knast. Schießt er dagegen zu niedrig … Tell hat Glück: Er trifft den Apfel, ist aber sauer auf Gessler. Er passt ihn später an einer engen Stelle im Gebirge ab: „Durch diese hohle Gasse muss er kommen!" Und erschießt ihn mit den Worten: „Frei sind die Hütten, sicher ist die Unschuld vor dir, du wirst dem Lande nicht mehr schaden."

Der Volksaufstand gegen Tyrannei und Zwangsherrschaft war geglückt. In der Schweizer Geschichte und in den fünf Akten des Schiller'schen Schauspiels. Aber hat das Drama heute noch eine Bedeutung? Es ist noch gar nicht lange her, dass im Osten Deutschlands die Menschen gerufen haben: „Wir sind *ein* Volk!" Sie haben sich 1989 gegen die trennende Mauer und für ihre Freiheit entschieden. Ganz ohne Armbrust und Gewalt.

In der Schweiz ist Schillers Stück bis heute ein Nationaldrama. Im Jahr 1804, als der „Tell" erstmals aufgeführt wurde, war er sehr aktuell. Viele Völker kämpften für Freiheit und Unabhängigkeit.

Böhmische Dörfer I: Allegorie, Anagramm, Euphemismus, Ironie, Metapher, Chiffre

Die slawischen Namen der Dörfer in Böhmen waren für Deutsche oft unverständlich. Noch heute nennt man daher alles fremd Klingende „böhmische Dörfer". Solche gibt es auch in der Literatur. Etwa die Stilmittel der Rhetorik.

Eigentlich müssten wir sie ja griechische Dörfer nennen. Denn diese so kompliziert klingenden Ausdrücke kommen meist von den alten Griechen. Die hatten sich viele Gedanken über die Sprache gemacht. Vor allem die Kunst der Rede, die Rhetorik, war bei ihnen sehr angesehen. Und so haben sie, wie in fast allen Bereichen des geistigen Lebens, auch hier die Grundlagen geschaffen. Sie haben jene Tricks erfunden, mit denen Dichter und Schriftsteller ihre Texte raffinierter, wirksamer und anschaulicher machen.

Da ist zum Beispiel die *Allegorie*. Darunter versteht man einen bildlichen Ausdruck. Abstrakte, nichtgegenständliche Begriffe wie Liebe oder Alter werden mit einem anderen, einem anschaulicheren Wort dargestellt. Für die Liebe kann man den griechischen Liebesgott Amor verwenden. Und um das Alter darzustellen, spricht der Dichter vom Greis. Sicher kennst du auch die Dame mit den verbundenen Augen, die eine Waagschale hält. Justitia heißt sie und steht für Gerechtigkeit – auch eine Allegorie.

Ein schöne Methode, sich die Zeit zu vertreiben, ist das Buchstaben-Verwursteln. Du nimmst alle Buchstaben eines Wortes oder eines Satzes, schüttelst sie einmal kräftig durcheinander und bastelst daraus andere Wörter. Die nennt man *Anagramme*. Ein Riesenspaß! Du wirst dich wundern, welche neuen Bedeutungen sich ergeben. Nehmen wir doch mal das Wort

Wenn du einen Internetanschluss hast, kannst du unter http://www.sibiller.de/anagramme/ einfach einen Begriff eingeben. Schon nach ein paar Sekunden kommen tausende Anagramme heraus. Aber Selberbasteln macht noch mehr Spaß.

Im Lauf der Zeit | 46

„Riesenspaß". Daraus wird schnell die „Spaßsirene". Oder der „Rasenspieß". Oder auch: „Na Pisser Ess". Seit Jahrhunderten sind Anagramme eine Form der Lyrik.

Und dann ist da noch so ein Wortungetüm: *Euphemismus*.

Schönfärberei nennt man das auch.

Schreckliche, bedrohliche oder unschöne Dinge werden mit einem freundlicheren Begriff umschrieben. Wenn man etwa einen sehr dicken Menschen als vollschlank bezeichnet, dann ist das ein Euphemismus.

Ein beliebtes Stilmittel, nicht nur bei Schriftstellern, ist die *Ironie*. Man sagt etwas, meint aber eigentlich das Gegenteil. Wenn etwa ein Schoßhündchen um die Ecke biegt und du sagst: „Schau mal, ein Kampfhund!", dann meinst du das ironisch. In der Ironie liegt oft Spott. Deshalb sollte man damit vorsichtig umgehen. Und Missverständnisse gibt es mit ihr auch leicht.

Eine der wichtigsten Redeformen ist die *Metapher* (von griechisch *metaphora* = Übertragung). Sie ist ein Sprachbild, das einen Gegenstand oder eine Sache benennt, aber mit Worten, die eigentlich nichts mit dem Gegenstand zu tun haben. Wenn man zum Beispiel einen schlauen Menschen einen Fuchs nennt. Bei einem Vergleich würde man sagen: Er ist schlau *wie* ein Fuchs. Bei der Metapher sagt man nur: Er ist ein Fuchs.

Man spricht zum Beispiel auch vom Flussbett. Klar, dass der Fluss nicht in einem wirklichen Bett liegt. Im übertragenen Sinn aber doch. Begriffe wie Flussbett oder Tischbein haben sich so in unsere Sprache eingebürgert, dass man von verblassten Metaphern spricht. Sie fallen uns schon kaum mehr auf. Dichter hingegen suchen neue, unverbrauchte Metaphern. Manchmal sind die dann so persönlich, dass sie mit normalen Lebenserfahrungen anderer Menschen nichts mehr zu tun haben. Solche Metaphern nennt man auch *Chiffren*.

**chiffrieren
verschlüsseln**

Alles blaue Blümchen? Oder was suchen die Romantiker?

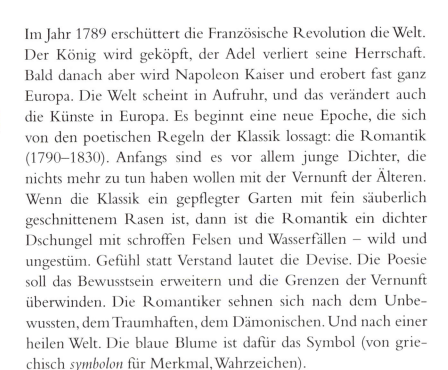

Gießen musste man sie nicht. Trotzdem wurde sie gehegt und gepflegt. Die „blaue Blume" war das Ideal der Sehnsucht für die Dichter der Romantik. Zum ersten Mal sprießt sie 1800 in Novalis' Roman „Heinrich von Ofterdingen".

Im Jahr 1789 erschüttert die Französische Revolution die Welt. Der König wird geköpft, der Adel verliert seine Herrschaft. Bald danach aber wird Napoleon Kaiser und erobert fast ganz Europa. Die Welt scheint in Aufruhr, und das verändert auch die Künste in Europa. Es beginnt eine neue Epoche, die sich von den poetischen Regeln der Klassik lossagt: die Romantik (1790–1830). Anfangs sind es vor allem junge Dichter, die nichts mehr zu tun haben wollen mit der Vernunft der Älteren. Wenn die Klassik ein gepflegter Garten mit fein säuberlich geschnittenem Rasen ist, dann ist die Romantik ein dichter Dschungel mit schroffen Felsen und Wasserfällen – wild und ungestüm. Gefühl statt Verstand lautet die Devise. Die Poesie soll das Bewusstsein erweitern und die Grenzen der Vernunft überwinden. Die Romantiker sehnen sich nach dem Unbewussten, dem Traumhaften, dem Dämonischen. Und nach einer heilen Welt. Die blaue Blume ist dafür das Symbol (von griechisch *symbolon* für Merkmal, Wahrzeichen).

Novalis (1772–1801), der eigentlich Freiherr von Hardenberg heißt, verwendet in seinem Roman „Heinrich von Ofterdingen" dieses Symbol zum ersten Mal. Der Roman spielt im Mittelalter und erzählt in fast märchenhafter Weise vom jungen Dichter Heinrich, der auf eine Reise geht und von der blauen Blume träumt. Im Kelch der Blume sieht er das Gesicht eines hübschen Mädchens. Das er dann später auch trifft.

Das Mittelalter ist damals ein wichtiges Thema. Schauergeschichten in Ruinen sind sehr beliebt. Aber auch alte Sagen. So wird zum Beispiel das Nibelungenlied wieder entdeckt (siehe Seite 24). Das passt gut, denn auch der politische Befreiungskampf gegen Napoleon spielt eine große Rolle. Die Volkslieder und Sagen sollen das deutsche Nationalbewusstsein fördern.

Auch das Geheimnisvolle der Religion fasziniert die Romantiker. Der Dichter wird selbst eine Art Priester, der die Welt mit Worten verzaubert. Märchen sind in dieser Zeit sehr beliebt.

Die Zeit der Aufklärung wollte Licht ins Leben der Menschen bringen. Die Romantiker wollen das Gegenteil. Sie sehnen sich nach der Nacht. Sie ist geheimnisvoll, in ihr überschreitet der Mensch die alltäglichen Grenzen und Erfahrungen.

Am Ende des 19. Jahrhunderts können bereits neun von zehn Menschen lesen. Schnell verbreitet sich daher auch eine eigene Literatur für Kinder. Vor allem mit Märchen, Sagen und Volksliedern.

Das Dunkle ist auch ein Symbol für den Tod.

Novalis nennt einen Gedicht-Zyklus „Hymnen an die Nacht". Darin geht es viel um Liebe und Tod. Die tote Geliebte ruft am Grab den Dichter und lockt ihn in die jenseitige Welt. Und im Gedicht „Mondnacht" von Joseph von Eichendorff singt das *lyrische Ich*:

Und meine Seele spannte
Weit ihre Flügel aus,
Flog durch die stillen Lande,
Als flöge sie nach Haus.

Mit lyrischem Ich bezeichnet man den Ich-Sprecher in einer Erzählung oder einem Gedicht. Es ist ein ausgedachtes Ich und nicht gleichbedeutend mit dem Autor.

Allerdings gibt es früh schon Dichter, die die Nachtschwärmerei ein wenig auf den Arm nehmen. Ein Braunschweiger Theaterdirektor namens Klingemann hat 1804 unter dem *Pseudonym* Bonaventura den Roman „Nachtwachen" geschrieben. Darin lässt er einen Nachtwächter satirisch, also auf witzige Art gegen Kirche und den Staat wettern.

Psyeudonym
Deckname,
Künstlername

Und wo bleiben eigentlich die Frauen?

Bisher war viel von Männern die Rede. Nicht nur wenn du ein Mädchen bist, wirst du dich fragen, ob es denn keine Frauen in der Literatur gegeben hat. Doch, es hat! Anfang des 19. Jahrhunderts tauchen sie langsam auf.

Berühmte literarische Salons gab es vor allem in Berlin. Rahel Varnhagen von Ense (1771–1833) hatte einen, ebenso Henriette Herz (1771–1833) und Dorothea Schlegel (1763–1839).

Frauen dürfen zu jener Zeit noch nicht an die Universitäten. Also lesen sie zu Hause Bücher und Zeitungen. Und über die wollen sie auch mit anderen reden. Deshalb gründen sie so genannte literarische Salons. Was den Männern damals oft gar nicht recht ist: Die Mädels könnten ja zu schlau werden. Und das wiederum könnte gefährlich sein für die Männer, die damals das Sagen haben. Diese Salons waren jedenfalls der Anfang einer Bewegung, die wir heute Emanzipation der Frau nennen: Die Frauen werden sich ihrer Fähigkeiten und ihrer Rechte bewusst. Die Salons sind das Gegenstück zu den wissenschaftlichen Zirkeln der Männer. In ihnen treffen sich Künstler, Intellektuelle (= Geistesarbeiter) und Adlige, um über Kunst und Literatur zu reden.

In der Romantik gibt es auch einige Schriftstellerinnen. Bettina von Arnim zum Beispiel. Sie ist gut befreundet mit Goethes Mutter. Deren Erinnerungen an die Kindheit des Genies hat Bettina später aufgeschrieben. Denn sie verehrt Goethe sehr. Bevor sie aber selbst Schriftstellerin wird, heiratet sie den Autor Achim von Arnim und bekommt sieben Kinder. Bettina unterhält sich viel mit Künstlern und Wissenschaftlern, die bei der Familie zu Besuch sind. Und sie schreibt noch mehr Briefe. Zum Beispiel an die Lyrikerin Karoline von Günderode (1780–1806). Mit der ist sie gut befreundet. Erst nach dem Tod ihres Mannes formt Bettina ihre Briefe um in literarische Werke. Sie macht sich darin Gedanken über die eigene Kindheit, über Leben und Arbeiten, über das Verhältnis von Verstand und Gefühl. Der einzelne Mensch soll in Würde leben können, sagt sie.

Das ist eine kühne Forderung zu einer Zeit, als die meisten Menschen in armen und ärmsten Verhältnissen leben. Sie wendet sich 1842 mit einem Buch an den König von Preußen und fordert, dass er die Situation der Arbeiter verbessern soll. Das Buch wird in Bayern und Preußen verboten. Bettina setzt sich auch ein für politisch Verfolgte wie die Brüder Grimm. Die waren in Göttingen von der Uni geflogen und durften jetzt in Berlin wieder arbeiten. Dank Bettinas Hilfe. Eine tolle Frau, oder?

In der Spätromantik taucht noch eine andere auf, die wir heute zu den bedeutendsten Dichterinnen der deutschen Literatur zählen: Annette von Droste-Hülshoff (1797–1848). Sie kommt aus Westfalen und ist sehr gebildet. Annette hat an der Märchensammlung der Brüder Grimm mitgearbeitet und eine Art Krimi geschrieben: „Die Judenbuche".

Eine der bedeutendsten Schriftstellerinnen der Romantik war Karoline von Günderode. Sie schrieb Gedichte, die vor allem um Liebe und Tod kreisen. Sie war 26 Jahre alt, als sie sich wegen einer unglücklichen Liebe das Leben nahm. Ihre Freundin Bettina von Arnim hat ihr 36 Jahre später ein literarisches Denkmal gesetzt.

Vor allem aber hat sie viele Balladen und Gedichte verfasst.

Über die Natur, aber auch über interessante Gedanken. Zum Beispiel, dass wir Menschen die Zeit gut nutzen und wichtige Dinge lieber gleich tun sollen. Weil wir nicht wissen, was morgen ist. Und weil die Zeit schnell vergeht. „Carpe diem" (lateinisch für „Genieße den Tag") heißt das Gedicht, in dem diese Zeilen stehen:

Freu dich des Freundes, eh zum Greis er reift,
Erfahrung ihm die kühne Stirn gestreift,
Von seinem Scheitel Grabesblumen wehen;
Freu dich des Greises, schau ihm lange nach,
In kurzem gäbst vielleicht du manchen Tag,
Um einmal noch das graue Haupt zu sehen.

Märchenstund hat Gold im Mund

Vielleicht hat dir ja deine Oma noch Märchen erzählt. Aschenputtel, Froschkönig, Gestiefelter Kater wirst du kennen. Die Brüder Grimm haben diese Märchen aufgeschrieben. Aber es gibt noch andere Märchensammler in der Romantik.

Jakob Grimm (1785–1863) und sein Bruder Wilhelm (1786–1859) waren ihr Leben lang unzertrennlich. Sie arbeiteten und wohnten zusammen, sie sammelten Volksmärchen, Sagen und Wörter. Für ihr „Deutsches Wörterbuch" haben sie 600 000 Wörter zusammengetragen. Die beiden waren Professoren und kämpften auf Seiten der fortschrittlichen *Liberalen*. Als sie sich dagegen wehrten, dass der König die Verfassung aufheben wollte, flogen sie aus dem Land Hannover. Das ist kein Märchen, sondern deutsche Wirklichkeit im 19. Jahrhundert.

Die Grimms haben mit ihren „Kinder- und Hausmärchen" (1812) möglichst originalgetreu die fantastischen Volksgeschichten wiedergegeben. Es gibt auch noch andere Sammlungen. Wilhelm Hauff (1802–1827) zum Beispiel ist bekannt für „Die Karawane". Darin findest du die herrlichen Geschichten vom Kalifen Storch und dem kleinen Muck. Und dann ist da eine Frau, die noch vor den Grimms die erste deutsche Volksmärchensammlung geschrieben hat: Benedikte Naubert (1756–1819). Sie veröffentlichte die „Neuen Volksmährchen der Deutschen" (1789–1792), ohne dabei ihren Namen zu verraten. Sie wollte anonym bleiben, um sich nicht der Kritik auszusetzen. Und aus Bescheidenheit. Sie hat über achtzig historische Romane, Gedichte und Erzählungen verfasst. 1817 lüftete eine Zeitung zwar das Rätsel um die bescheidene Frau, aber ihr Name ist bis heute nicht sehr bekannt. Schade eigentlich.

Liberalismus
Denkrichtung, die die politische und rechtliche Gleichheit der Menschen fordert, dabei aber vor allem im Wirtschaftlichen die freie Entfaltung der Persönlichkeit vertritt.

Die Brüder Grimm sind wegen ihrer Märchen international berühmt. Sie haben auch das wissenschaftliche Fach der Germanistik begründet.

Der Gedanke ist beängstigend. Egal, wie du dich drehst – dein Schatten ist weg. Nicht nur nachts, auch wenn die Sonne scheint. Einfach weg. So ergeht es Schlemihl, dem Helden in Adelbert von Chamissos wunderbarer Novelle.

Ein Fremder und Außenseiter: Warum ist Peter Schlemihl schattenlos?

Peter Schlemihl weiß, warum er keinen Schatten mehr hat. Er hat ihn an einen Unbekannten verscherbelt – im Tausch gegen eine Zaubertasche. Aus der bekommt Schlemihl Gold in rauen Mengen und überhaupt alles, was er will. Außer einem Schatten natürlich. Aber wozu brauch ich einen Schatten, hatte sich der Held gesagt. Und schon war der Schatten weg. Und der Unbekannte auch. Aber Schlemihl hat nicht an die anderen Menschen gedacht. Für Reichtum und Wohlstand hat er seine Identität, sein unverwechselbares Ich aufgegeben. Ohne Schatten aber wird er den anderen fremd, wird ein Außenseiter. Er macht den Menschen Angst. Und auf Angst reagieren viele mit Aggression und Misstrauen.

Anfangs kann Schlemihl seine Behinderung mithilfe seines Dieners verbergen. Als er jedoch die schöne Försterstochter Mina heiraten will, fliegt die Sache durch Verrat auf. Pech gehabt mit der Heirat! Nach genau einem Jahr taucht der große Unbekannte wieder auf. Schlemihl will das schlechte Geschäft rückgängig machen und seinen Schatten zurückkaufen. Aber der Unbekannte ist kein anderer als der Teufel. Er will im Tausch für den Schatten jetzt Schlemihls Seele haben. Auf dieses Geschäft lässt der sich aber nicht mehr ein. Da nimmt er lieber Reißaus und kauft sich Wanderschuhe. Die entpuppen sich als wahre Siebenmeilenstiefel. Schlemihl wird Weltenbummler und Naturforscher. Erst in der Fremde ist er wieder glücklich.

Adelbert von Chamisso (1781-1838) floh mit seiner Familie während der Revolution aus Frankreich. Er wurde preußischer Offizier, später segelte er um die ganze Welt. Danach lebte er in Berlin als Naturforscher und Schriftsteller. „Peter Schlemihls wundersame Geschichte" erschien 1813.

Volksaufstand wegen zwei Pferden: Wer ist Michael Kohlhaas?

Gerechtigkeit ist eine feine Sache. Und der Kampf um sie auch. Wenn man es aber übertreibt, kann alles böse ausgehen. Wie im Fall des Michael Kohlhaas. Der ist der traurige Held in einer Novelle Heinrich von Kleists.

Heinrich von Kleist (1777-1811) ist eine der tragischsten Figuren der deutschen Literatur. Tragisch ging es auch immer in seinen Stücken und Erzählungen zu. Deshalb lehnte Goethe seine Arbeiten ab. Kleist verzweifelte schließlich - an der Politik, an der mangelnden Anerkennung seiner Kunst, am Leben. 1811 erschießt er sich.

Recht und Gerechtigkeit sind manchmal sehr unterschiedliche Dinge. Das musste auch der Pferdehändler Michael Kohlhaas erfahren. Der lebte im 15. Jahrhundert – so berichtet uns der Schriftsteller Kleist. Bis zu seinem dreißigsten Lebensjahr ist Kohlhaas ein braver Staatsbürger und Familienvater. Dann gerät er mit der Staatsmacht in Konflikt. Ein betrügerischer Adliger luchst ihm zwei Pferde ab und verhöhnt ihn auch noch. Kohlhaas geht den Klageweg. Er will Ersatz, aber die Justiz ist bestechlich und arbeitet mit dem Adligen zusammen. Kohlhaas ist verbittert. Seine Frau bringt dem Kurfürsten eine Bittschrift und wird dabei von einer Wache so schwer verletzt, dass sie stirbt. Jetzt läuft Kohlhaas Amok. Er sucht sich Mitstreiter für seinen gerechten Krieg, zerstört eine Burg, später die Städte Wittenberg und Leipzig. Am Ende bekommt er sein Recht. Der adlige Gauner muss Schadenersatz leisten. Darüber ist Kohlhaas so glücklich, dass er seinen eigenen Tod hinnimmt: Er wird wegen Aufruhrs hingerichtet.

Kleist hat mit dieser blutigen Geschichte die Kunst der Novelle begründet. Die Kohlhaas-Geschichte wurde immer wieder von Schriftstellern aufgegriffen. Zum Beispiel in den frühen 1970er-Jahren. Deutsche Studenten hatten zuvor gegen politische Ungerechtigkeiten protestiert. Zu Recht. Aber einige vergaloppierten sich und richteten als Terroristen Blutbäder an. Auch eine Kohlhaas-Geschichte? Wohl schon.

Im Lauf der Zeit | *54*

Nützlich zu sein ist wichtig. Aber auch Faulheit will gelernt sein. Zumindest wenn man sie mit Stil und Witz betreiben will. Ein solcher Lebenskünstler ist der Müllerssohn in der Novelle „Aus dem Leben eines Taugenichts".

Was heißt denn hier Taugenichts? Faul sein ist anstrengend.

Der Ich-Erzähler der berühmten Geschichte schläft gern lang und überlässt die Arbeit lieber seinem Vater. Weshalb der ihn auch aus dem Haus jagt. „Trifft sich gut", sagt sich der Junge, „denn ich wollte eh grad los." Es ist Frühling, eine gute Zeit zum Gehen. Er packt seine Geige und wandert singend über die Landstraße in Richtung Süden: „Wem Gott will rechte Gunst erweisen, den schickt er in die weite Welt", singt der Taugenichts.

Der Schriftsteller Joseph von Eichendorff (1788–1857) hat viele Lieder geschrieben, die heute noch bekannt sind. Und wahrscheinlich hat er seinen Helden selbst beneidet. Denn Eichendorff führte ein eher langweiliges Leben als Beamter.

Der Taugenichts hingegen erlebt allerlei lustige Geschichten. Mit wenig Geld in der Tasche, jobbt er als Gärtner auf einem Schloss. Er verliebt sich, aber die Schöne ist vergeben. Also zieht er weiter nach Italien, wo er in manche Verwechslung hineingezogen wird. Er erfährt schließlich, dass die Schöne ihn ebenfalls liebt, also kehrt er zurück zum Schloss. „Und es war alles, alles gut." Ein Ende wie im Märchen.

Wichtiger als die Handlung ist freilich das Lebensgefühl des Taugenichts. In einer Zeit, in der alles am Nutzen und am Preis orientiert ist, will der Held gar nicht so nützlich sein. Ein sympathischer Rumtreiber ist er, der sich mit viel Humor und Selbstironie durchs Leben schlägt.

Der Taugenichts erzählt, wie ihm der Gärtner eine Predigt hält: „... wie ich nur fein nüchtern und arbeitsam sein, nicht in der Welt herumvagieren, keine brotlosen Künste und unnützes Zeug treiben solle, da könnt ich es mit der Zeit noch einmal zu was Rechtem bringen. Es waren noch mehr sehr hübsche, gut gesetzte, nützliche Lehren, ich habe nur seitdem fast alles wieder vergessen."

Wie bieder ist das Biedermeier? Und wie jung das Junge Deutschland?

Manchmal gibt es auch in der Literatur etwas merkwürdige Schlagworte. Biedermeier, Junges Deutschland und Vormärz sind solche. Die Begriffe beschreiben aus unterschiedlichen Blickwinkeln die Zeit zwischen 1815 bis 1848.

Zensur behördliche Prüfung von Büchern, Theaterstücken usw. Eventuell auch Verbot

Das literarische Biedermeier (1815-1845) stand im Ruf, brav und unpolitisch zu sein. Das Junge Deutschland hingegen verfasste viele politische Schriften.

In Europa ist damals ganz schön was los. Erst die Französische Revolution. Dann Napoleon, der das alte Heilige Römische Reich zerstört, bevor er selbst gestürzt wird. Dann die Volkserhebungen. Auch in Deutschland hoffen die Menschen auf politische Freiheit. Aber die wird schnell unterbunden von denen, die die alte Ordnung wieder wollen. Es herrschen *Zensur* und politische Unterdrückung.

In solchen Zeiten reagieren Schriftsteller ganz unterschiedlich. Die einen kümmern sich überhaupt nicht um Politik. Sie ziehen sich zurück, sind unglücklich und schwermütig. Man nennt dieses Lebensgefühl auch Melancholie. Es ist verbreitet bei den Dichtern, die man zum Biedermeier zählt. Der Dramatiker Franz Grillparzer, die Lyrikerin Annette von Droste-Hülshoff oder der Erzähler Adalbert Stifter gehören dazu.

Auf der anderen Seite stehen Schriftsteller, die Literatur und Politik verbinden wollen. Sie kämpfen für die Revolution und ein neues, liberales Deutschland: das Junge Deutschland.

Weil dieser Begriff aber fast genauso eng ist wie der des Biedermeier, hat man für die Epoche das Wort „Vormärz" gefunden. Das ist neutraler und meint die Zeit bis zum März 1848. Da kommt es zur politischen Explosion in Deutschland: zur Revolution, die aber scheitert. Zu den politisch fortschrittlichen Schriftstellern im Vormärz gehören Heinrich Heine, Ludwig Börne und Georg Büchner.

Im Lauf der Zeit

Bunte Steine aus dem Böhmerwald – wer war Adalbert Stifter?

In der Literatur muss es nicht immer Action und Spannung geben. Manchmal sind es auch die leisen Töne, die Spaß machen. Adalbert Stifter ist ein Meister des leisen Tons. Wie gemalt sind seine Landschaften und Figuren.

Und das ist kein Wunder, denn Adalbert Stifter (1805–1868) ist auch Landschaftsmaler. Er stammt aus dem Böhmerwald, einer schönen, geheimnisvollen Waldgegend, die in seinen Erzählungen oft vorkommt. Man hat Stifter vorgeworfen, dass in seinen Erzählungen nichts los sei. Und dass er nur die kleinen Leute und Dinge beschreibe. Aber was heißt schon groß, fragt Stifter in der Vorrede seines Erzählbandes „Bunte Steine": „Das Wehen der Luft, das Rieseln des Wassers, das Wachsen der Getreide, das Wogen des Meeres, das Grünen der Erde, das Glänzen des Himmels, das Schimmern der Gestirne halte ich für groß." Stifter mag keinen Theaterdonner. Er liebt das Leise, das Sanfte – es sind ruhige Geschichten, die er uns erzählt.

Vielleicht liegt es an seiner Herkunft aus dem Böhmerwald, wo die Menschen nicht viel Rummel um ihr Leben machen. Stifters Erzählungen führen uns in die Welt des Waldes, zu den Holzknechten, Kohlenbrennern und Beerensammlern. Und dort kommt es zur Ausnahmesituation: Eine Seuche zieht übers Land. Hochwasser, Hagel oder Feuer bedrohen die Menschen. Oder zwei Kinder verirren sich im Schneesturm.

Der Mensch steht bei Stifter nicht über den Dingen. Er ist Teil des großen Ganzen. Er lebt in der Natur und mit ihr. Sie ist die große Macht, die ihn bedroht, aber auch schützt. Vielleicht sollten wir öfter geistige Ferien in einer Stifter-Erzählung machen und darüber nachdenken.

Eigentlich hat Adalbert Stifter Jura und Naturwissenschaften studiert. Aber die Kunst ist ihm wichtiger. Im Alter wird er krank und nimmt sich deshalb das Leben. Seine wichtigsten Werke sind die Erzählungen „Bunte Steine" und die Romane „Der Nachsommer" und „Witiko".

Only the good die young! Wer war Georg Büchner?

Er ist ein Revoluzzer. Der junge Wilde der deutschen Literatur fliegt von der Uni, weil er Flugblätter verteilt. Dennoch wird er der modernste Dramatiker seiner Zeit. Aber mit nur 23 Jahren stirbt Büchner an Typhus.

Georg Büchner (1813–1837) hasst Ungerechtigkeit. Dass die einen unendlich reich und die anderen bitter arm sind, ist für ihn ein Skandal. Büchner ist Sozialist (siehe Seite 85). Und er macht kein Geheimnis daraus. Er gründet eine „Gesellschaft der Menschenrechte" und verfasst 1834 die Flugschrift „Der Hessische Landbote". Darin ruft er die Armen auf, die Verhältnisse zu ändern. Solche Aufrufe zur Revolution sind zu allen Zeiten gefährlich. Der Student muss nach Straßburg fliehen.

„Friede den Hütten! Krieg den Palästen!", ruft er den Menschen zu. „Das Leben der Vornehmen ist ein langer Sonntag, sie wohnen in schönen Häusern, sie tragen zierliche Kleider, sie haben feiste Gesichter und reden eine eigne Sprache; das Volk aber liegt vor ihnen wie Dünger auf dem Acker."

realistisch
nicht fantastisch, märchenhaft, sondern an der Wirklichkeit orientiert

Gesellschaftskritik übt Büchner auch in seinen *realistischen* Werken. Im Theaterstück „Woyzeck", dem ersten sozialen Drama der deutschen Literatur, geht es um einen gedemütigten und sprachlosen Menschen (siehe Seite 59). Auch im Lustspiel „Leonce und Lena" ist Kritik an den Herrschenden eingebaut. Aber Revolution kann gefährlich sein: In Büchners Drama „Dantons Tod" frisst die Französische Revolution ihre eigenen Kinder: Danton scheitert und wird selbst hingerichtet.

Ideal
Idee, die man verwirklichen will, Traumbild

Freiheit und Gerechtigkeit ohne Blutvergießen? Büchner hat die Verwirklichung seiner politischen *Ideale* selbst nicht erlebt. Er stirbt früh – an der Armeleutekrankheit Typhus.

Ideale Helden? Nein danke! Georg Büchner will richtige Menschen auf der Bühne sehen. Leute, die nicht auf der Sonnenseite des Lebens geboren sind. Da wird dann auch schon mal an eine Hauswand gepinkelt.

Jetzt sind aber mal die Kleinen dran – worum geht es in „Woyzeck"?

Der Hauswand-Pinkler heißt Woyzeck und spricht Darmstädter Dialekt. Georg Büchner will mit seinem Drama möglichst nah an der Wirklichkeit bleiben. Er will das Milieu zeigen, aus dem die Figuren stammen. Sein trauriger Held ist ein gutmütiger, aber einfältiger Soldat, der von seinen Vorgesetzten ständig ausgenutzt, veräppelt und geschunden wird.

Woyzeck hat eine Geliebte, und die hat ein Kind. Arme Leute sind sie, also muss sich der Soldat ein paar Pfennige dazuverdienen. Er stellt sich einem Arzt als Versuchskaninchen zur Verfügung. Der füttert ihn ein Vierteljahr lang nur mit Erbsen – ein menschenverachtendes und unsinniges Experiment. Derselbe Doktor aber ist es, der Woyzeck als Hund beschimpft, nur wegen der Sache mit der Hauswand. Woyzeck nimmt alles geduldig hin. Nur als ein Tambourmajor ihm auch noch seine Marie ausspannen will, dreht er durch. Er lockt Marie an einen Teich und ersticht sie. Klar, Woyzeck ist der Täter. Aber für Büchner ist er vor allem auch ein Opfer. Das Opfer seiner Demütigungen und der ungerechten sozialen Verhältnisse.

Es ist das erste Mal, dass ein Künstler nicht mehr nur nach dem Schönen in der Kunst sucht, sondern sich an die Lebenswirklichkeit der armen Leute herantastet. Büchner ist fast naturalistisch (siehe Seite 64). Auch der strenge Aufbau eines klassischen Dramas hat für ihn keine Bedeutung mehr: Er setzt die Szenen lose hintereinander. Büchner ist ein moderner Autor.

Büchners „Woyzeck" (1836) bleibt ein Fragment (= ein unvollendetes Werk). Aber es wird für die moderne Literatur sehr wichtig. Das Stück wird oft aufgeführt und ist auch verfilmt worden. Seit 1951 ist der bedeutendste deutsche Literaturpreis nach seinem Autor benannt – der Georg-Büchner-Preis.

Warum ist Heinrich Heines „Wintermärchen" keine Ski- und Schlittengaudi?

Heinrich Heine ist einer der großen deutschen Dichter. Aber den Deutschen seiner Zeit ist er zu frech, zu politisch. Deshalb drängen sie ihn aus dem Land. Eines Tages kommt er zurück. Und spottet über das kleingeistige Deutschland.

Die Menschen haben es nicht gern, wenn ihnen einer den Spiegel vorhält. Auch wenn es ein schlauer Kopf tut. Heinrich Heine ist so ein schlauer Kopf, allerdings auch ein streitbarer und umstrittener. Viele seiner Zeitgenossen lehnen ihn ab. Vielleicht weil er Jude ist. Und Judenhass hat in Deutschland eine lange, unselige Tradition. Vielleicht mögen ihn viele auch nicht, weil er gern über Religion und Vaterland lästert.

Heine arbeitet als Journalist und freier Schriftsteller. Vor allem sein „Buch der Lieder" kommt bei den Lesern gut an. In freien Rhythmen erzählen die Gedichte von Reisen in den Harz, an die Nordsee und von unglücklichen Lieben. Ein echter deutscher Dichter, oder?

Nicht ganz. Denn seine Werke werden in Deutschland bald verboten. Heine geht als politischer Flüchtling nach Frankreich. Nur noch zweimal kommt er zurück. Eine dieser Reisen inspiriert ihn, das Vers-Epos „Deutschland. Ein Wintermärchen" (1844) zu schreiben. Heine rechnet darin mit diesem frostigen Deutschland ab, das aus tyrannischen Kleinstaaten, *Militarismus* und einem übersteigerten Nationalismus besteht. Er rechnet auch ab mit den Kleinbürgern, die an ihre Obrigkeit und die Pfarrer glauben. Das Volk lasse sich nur einlullen durch dieses „Eiapopeia vom Himmel", sagt Heine. Und er schimpft auf die Pfaffen, wie er die Pfarrer nennt: „Ich weiß, sie tranken heimlich Wein / Und predigten öffentlich Wasser."

Militarismus
Übertragung militärischer Prinzipien auf alle Lebensbereiche

Realismus will die Wirklichkeit zeigen. Und die ist nicht immer schön. Weil Mitte des 19. Jahrhunderts die Dichter aber nichts Unschönes schreiben wollen, erfinden sie den poetischen Realismus. Der ist ein Mittelding.

Poetischer Realismus: Wie wirklich ist die Wirklichkeit wirklich?

Ein Mittelding aus Kunst und wirklichem Leben. Alles, was schlecht riecht, arm oder krank ist oder gar mit Sex zu tun hat, wollen die Künstler um 1850 lieber nicht in ihren Büchern haben. Das kommt erst später, im Naturalismus und im 20. Jahrhundert. Eine Ausnahme ist – wie wir schon gesehen haben – der junge Georg Büchner. Der hat sogar über arme Leute geschrieben. Gott, wie unangenehm! Zumindest denken so die bürgerlichen Kreise damals. Die legen zwar Wert darauf, dass sie aus dem wahren Leben zu lesen bekommen. Und zwar meist aus dem privaten, denn über Politik wollen sie nach der gescheiterten Revolution von 1848 lieber nicht mehr nachdenken. Mit der politischen Freiheit ist es nichts geworden. Allenfalls an die geeinte Nation wollen sie noch glauben.

Jedenfalls hat sich für die Epoche nach 1850 der Begriff „poetischer Realismus" eingebürgert. Die Schriftsteller wählen diesen Namen selbst. Sie wollen zeigen, dass es sich um Kunst handelt, was da in ihren Büchern geschrieben steht. Nicht um das bloße Wiedergeben des Alltags geht es, sondern um eine poetische Darstellung des Typischen im gegenwärtigen Leben. Sie zeigen zum Beispiel, wie der einfache Mensch in der Kleinstadt oder auf dem Land sein Leben meistert. Die Dorfgeschichten von Jeremias Gotthelf und Gottfried Keller sind sehr beliebt. Theodor Storms Gedichte fallen in diese Epoche. Ebenso die Romane von Wilhelm Raabe oder Theodor Fontane.

Mit dem Realismus beginnt die große Zeit des Romans. Englische Autoren wie Charles Dickens zeigen den trüben Alltag in der Großstadtwelt der frühen Industrialisierung. In Frankreich schreibt etwa Victor Hugo über die Verelendung der Massen. Auch gescheiterte Ehen und unterdrückte Frauen sind plötzlich Themen.

Gescheiterte Ehen Teil eins: Worüber schrieb Gottfried Keller?

Nachdem die politischen Träume der deutschen Bürger 1848 geplatzt waren, suchten sie privates Glück. Was aber, wenn eine große Liebe an den Umständen scheitert? Dann kommt Gottfried Keller und macht daraus eine Novelle.

Gottfried Keller ist einer der wichtigsten Erzähler des poetischen Realismus. „Romeo und Julia auf dem Dorfe" erscheint 1856 in der Novellensammlung „Die Leute von Seldwyla".

Demokratie Volksherrschaft (im Gegensatz z. B. zur Monarchie, der Königsherrschaft)

Die traurige Geschichte von den Adelskindern aus Verona kennst du vielleicht. Shakespeare hat sie in seinem berühmten Theaterstück „Romeo und Julia" überliefert. Der Schweizer Schriftsteller Gottfried Keller (1819–1890) greift 1856 diesen Stoff auf. Weil er selbst aus einfachen Verhältnissen stammt, leben bei ihm „Romeo und Julia auf dem Dorfe". Sali und Vrenchen heißen die Nachbarskinder. Sie sind zwanzig und achtzehn Jahre alt und kennen sich seit ihrer Kindheit. Ihre Väter, die Bauern Manz und Marti, denken nur an Geld und Besitz. Eines Tages streiten sie sich um ein Stück Land, das ihnen beiden nicht gehört. Damit ruinieren sie sich und die Liebe ihrer Kinder. Für einen einzigen Tag spielen Sali und Vrenchen Hochzeit, bevor sie sich das Leben nehmen: „Es gibt eines für uns, Vrenchen, wir halten Hochzeit zu dieser Stunde und gehen dann aus der Welt – dort ist das tiefe Wasser – dort scheidet uns niemand mehr und wir sind zusammen gewesen – ob kurz oder lang, das kann uns dann gleich sein."

Gottfried Keller hat mit dieser Geschichte eine der wichtigsten Novellen des poetischen Realismus geschrieben. Leben kann er von seiner Literatur allerdings lange Zeit nicht. Und auch sonst ist sein Leben tragisch: Er ist sehr klein und bekommt nie eine Frau, was ihn sehr traurig macht. Politisch aber bleibt Keller – im Gegensatz zu vielen Zeitgenossen – auch nach 1848 noch ein glühender *Demokrat*.

Im Lauf der Zeit

Gescheiterte Ehen Teil zwei: Was erlebte Theodor Fontanes Effi?

Scheiden tut weh, sagt man. Natürlich ist es bitter, wenn sich zwei trennen, weil einer sich neu verliebt. Was heute fast normal ist, löste früher oft Katastrophen aus. Das erfahren wir aus dem Roman „Effi Briest".

Wenn du wissen willst, was Realismus ist, schau dir den ersten Satz von „Effi Briest" an: „In Front des schon seit Kurfürst Georg Wilhelm von der Familie von Briest bewohnten Herrenhauses zu Hohen-Cremmen fiel heller Sonnenschein auf die mittagsstille Dorfstraße, während nach der Park- und Gartenseite hin ein rechtwinklig angebauter Seitenflügel einen breiten Schatten erst auf einen weiß und grün quadrierten Fliesengang und dann über diesen hinaus auf ein großes, in seiner Mitte mit einer Sonnenuhr und an seinem Rande mit Canna indica und Rhabarberstauden besetztes Rondell warf." Viel genauer kann man nicht beschreiben. Einige sagen, Fontane war der einzige deutsche Realist, den es je gab.

Und was ist mit Effi? Sie ist ein glückliches Kind. Bis sie auf Wunsch ihrer Eltern den über zwanzig Jahre älteren Baron von Instetten heiraten muss. Sie zieht mit ihm nach Hinterpommern. Und prompt ist da draußen nix los. Bis eines Tages Major Crampas daherkommt: Langeweile ade! Effi wird zwar vor ihm gewarnt und wehrt sich anfangs gegen ihre Gefühle. Doch vergebens – es beginnt eine Liebesgeschichte. Bis Effi und ihr Mann nach Berlin ziehen. Erst sieben Jahre später findet Instetten Liebesbriefe der beiden. Er duelliert sich mit seinem Freund Crampas und tötet ihn. Von Effi lässt er sich scheiden. Aus Prinzip. Die ist gesellschaftlich erledigt, darf nicht einmal mehr ihr Kind sehen. Bald darauf wird sie krank und stirbt.

Theodor Fontane (1819-1898) war Apotheker, später Journalist, Theaterkritiker und freier Schriftsteller. Er beschreibt sehr genau und kühl beobachtend. Und für seine Figuren ergreift er nie direkt Partei.

Was ist eigentlich Naturalismus? Gerhart Hauptmanns Weber zum Beispiel

Noch viel genauer als die Realisten arbeiten die Naturalisten. Sie durchleuchten die Milieus der Städte und die Seelenlage der Menschen. Vor allem die hässlichen und kranken Seiten der Gesellschaft interessieren sie.

Ende des 19. Jahrhunderts entwickelt sich die Welt rasend schnell – zum Beispiel durch technische Erfindungen wie das Telefon und durch wissenschaftliche Theorien wie Darwins Evolutionslehre. Gleichzeitig gibt es einen enormen wirtschaftlichen Aufschwung, während die Lage der Arbeiter immer schlimmer wird. All das schreit nach neuen literarischen Formen. Die Epoche des Naturalismus (1880–1900) hat sie gefunden: „Unsre Welt ist nicht mehr klassisch, / Unsre Welt ist nicht romantisch, / Unsere Welt ist nur modern", dichtet der Lyriker Arno Holz. Die Naturalisten wollen mit präziser Sprache die Wirklichkeit in all ihren Formen erfassen. Vor allem die hässlichen Seiten. Kranke, Arme, Säufer und Dirnen – sie alle kommen in den Dramen und Romanen plötzlich vor. Das gibt Ärger. 1890 kommt es zum so genannten Realistenprozess. Da stehen plötzlich einige Schriftsteller vor Gericht, weil sie das Scham- und Sittlichkeitsgefühl ihrer Mitbürger verletzt haben sollen. Sie werden bestraft, ihre Schriften eingezogen.

Der naturalistische Dramatiker Gerhart Hauptmann beschreibt in seinem Stück „Die Weber" (1892) das Elend der Arbeiter. Das Schicksal der schlesischen Weber, die durch Ausbeutung ins Elend getrieben werden, hatte fünfzig Jahre zuvor schon Heinrich Heine in einem Gedicht beklagt. Hauptmann lässt in seinem Stück erstmals Volksmassen auf die Bühne. Das Volk ist der Held. Es revoltiert und stürmt das Haus des Fabrikanten.

Der Naturalismus hat seine Ursprünge in Frankreich, wo Emile Zola mit seinen sozialkritischen Romanen berühmt wird. Deutsche Zentren des Naturalismus sind München und Berlin. Neben Hauptmann und Holz gehören die Erzähler Ludwig Anzengruber und Max Halbe zu den wichtigsten Vertretern.

Moderne Zeiten

Was ist modern?
Marx, Nietzsche, Freud

Mal sind lange Röcke modern, mal kurze Hosen. So weit ist alles klar. Aber was heißt literarische Moderne? Gar nicht so einfach. Da ist ein ganzes Bündel von Gedanken. Und das wurde um das Jahr 1900 herum geschnürt.

Wenn die Klassik ein Garten am Fürstenhof ist und die Romantik ein Wald mit Ruinen, dann ist die Moderne eine Großstadt. Mit zahlreichen Vierteln und kleinen Gassen. Der Stadtplan ist verwirrend. Aber es gibt drei große Straßen: die Marx-Straße, die Nietzsche-Straße und die Freud-Straße. Auf denen landest du immer wieder, egal wo du in der Moderne gerade herumschlenderst. Karl Marx (1818–1883), Friedrich Nietzsche (1844–1900) und Sigmund Freud (1856–1939) sind nämlich die drei wichtigsten Köpfe, die bis weit ins 20. Jahrhundert hinein wirken.

Alle drei haben die Welt und das Denken verändert.

Die erbärmlichen sozialen Verhältnisse im 19. Jahrhundert haben wir schon bei den Naturalisten kennen gelernt. Mit ihren Texten beginnt das, was wir literarische Moderne nennen. Für die soziale Frage sind die Bücher von Karl Marx und seinem Freund Friedrich Engels (1820–1895) sehr wichtig. Die beiden haben untersucht, warum viele Menschen so arm und einige wenige so reich sind. Marx und Engels sagen, dass die ganze Geschichte der Menschheit eine Geschichte von Kämpfen sei – Reich gegen Arm, *Kapitalisten* gegen *Proletarier*. Klassenkämpfe nennen sie das. Und sie haben genau gezeigt, wie der Reichtum auf Kosten der Armen zustande kommt. Aber auch, wie

Kapitalist
jemand, der über Geld und Produktionsmittel (z. B. Fabriken) verfügt

Proletarier
Arbeiter, der nur seine Arbeitskraft hat

Moderne Zeiten

dieser Gegensatz durch Revolution eines Tages aufgehoben werden kann: das Paradies auf Erden – der Kommunismus (siehe Seite 85).

Aber aus den Marx'schen Gedanken wuchsen viele blutige Missverständnisse, auf die auch viele Schriftsteller hereingefallen sind. Im 20. Jahrhundert haben Politiker nämlich versucht, diese Ideen mit Gewalt durchzusetzen. Und das hat Millionen von Menschen den Kopf gekostet. Kann man Marx und Engels dafür verantwortlich machen? Die waren längst tot. Doch auch Ideen aus Büchern können töten: wenn sie in die falschen Köpfe kommen. Wir kennen das ja von den Hexenjägern und Kreuzfahrern, die mit der Bibel in der Hand Menschen massakriert haben. Die philosophische Leistung von Marx und Engels, die Entdeckung des Sozialen, bleibt jedenfalls bestehen.

Ein anderer großer Denker ist der Arzt Sigmund Freud. Er beschäftigt sich mit seelischen Krankheiten und entwickelt die so genannte Psychoanalyse. Das ist die Erforschung des Unbewussten, Triebhaften, das von Freud das Es genannt wird. Wichtigstes Mittel dafür ist die Traumdeutung. So heißt auch Freuds Buch, das im Jahr 1900 erscheint. Im Traum werden die Wünsche erfüllt, die der Mensch nicht bewusst denken kann oder darf. Der Mensch, sagt Freud, sei gesteuert vom Unbewussten, vor allem von der Sexualität. Das Unbewusste lenkt auch die geistigen Bereiche des Lebens – die Dichtung, Kunst, Philosophie und Religion. Freuds „Traumdeutung" trug zu einem modernen Verständnis der menschlichen Natur bei.

Bleibt noch der dritte Geistesriese: Friedrich Nietzsche. Er ist der heftigste Kritiker der bürgerlichen Moral. Der Mensch, so wie er ist, meint Nietzsche, muss überwunden werden. Nur so könne er schöpferisch tätig sein. Dazu dürfe er aber nicht weiter an der christlichen Religion hängen. Denn – so sagt Nietzsche – „Gott ist tot". Klar, dass er sich damit Feinde geschaffen hat.

Wien, München und Berlin sind die geistigen Zentren der literarischen Moderne. Zur Wiener Moderne zählen etwa Hugo von Hofmannsthal und Arthur Schnitzler. Aus Prag stammen Rainer Maria Rilke, Max Brod und Franz Kafka. Und in München leben um die Jahrhundertwende die Brüder Heinrich und Thomas Mann.

Man nennt Nietzsches Philosophie Nihilismus (von lateinisch nihil = nichts). Gemeint ist die Verneinung aller Werte - kurz: Ein neuer Mensch muss her!

Schöne Aussichten vom Elfenbeinturm! Wer waren die Symbolisten?

Zu viel Alltägliches wie im Naturalismus haben manche Schriftsteller bald satt. Es kommt zur Gegenbewegung. Dichter wollen sie sein, nicht die Welt verändern. Das Schöne wollen sie wieder suchen. Mithilfe der Sprache.

Symbolismus nennt man die Strömung, die sich Ende des 19. Jahrhunderts gegen den Naturalismus stellt. Literatur soll nicht Natur nachahmen, sondern reine Wortkunst sein. Wie die Töne der Musik soll sie wirken, wie die Farben der Malerei.

Wegbereiter in Deutschland ist Stefan George. Der will mit dem richtigen Leben nichts zu tun haben. Kunst ist eine Welt mit eigenen Gesetzen. Sie gilt um ihrer selbst willen: „L'art pour l'art" nennt man das auf Französisch.

„Das Jahr der Seele" (1897) ist ein Werk, in dem diese Haltung Georges deutlich wird. Schönheit und Form sind die Ziele der Kunst. Und die Welt? George schreibt in seinem Gedicht „Nietzsche": „Blöd trabt die Menge drunten – scheucht sie nicht!" Der Dichter also sitzt im Elfenbeinturm und blickt herab – ein Sinnbild für das abgegrenzte, auch abgehobene Verständnis von Literatur.

George schreibt ohne Punkt und Komma, alles klein und erfindet auch neue Wörter, jedoch keine Geschichten: „Wir wollen keine erfindung von geschichten sondern wiedergabe von stimmungen keine betrachtung sondern darstellung keine unterhaltung sondern eindruck."

Später schart Stefan George viele Jünger um sich und empfindet sich als Erzieher zum Schönen. Er entwickelt ein Sendungsbewusstsein, verkündet so genannte neue Werte, ohne genau zu sagen, worin sie bestehen.

Auch Hugo von Hofmannsthal und Rainer Maria Rilke sind Vertreter des Symbolismus. Auch sie blicken nach innen, suchen ihre Träume und Visionen, um das geheimnisvolle Schöne in Worte zu kleiden.

Gehst du gern in den Zoo? Oder tun dir die Tiere hinter den Gitterstäben Leid? Dem Dichter Rainer Maria Rilke ist es so gegangen, als er in Paris vor einem Raubtierkäfig stand. Er hat dem Panter ein Gedicht gewidmet.

Lasst den Panter raus! Was macht Rainer Maria Rilke im Tierpark?

Rainer Maria Rilke (1875–1926) wusste, was Einsamkeit und Unruhe bedeuten. Er hat sie wohl auch dem Tier angesehen. Wenn du die Verse liest, kannst du im Rhythmus der Worte förmlich spüren, wie der Panter einsam auf und ab geht:

Sein Blick ist vom Vorübergehn der Stäbe
so müd geworden, daß er nichts mehr hält.
Ihm ist, als ob es tausend Stäbe gäbe
und hinter tausend Stäben keine Welt.

Rilke stammt aus einfachen Verhältnissen, sein Vater ist Eisenbahnbeamter. Als sich die Eltern trennen, bleibt der Junge bei der ehrgeizigen Mutter, die ihn jahrelang wie ein Mädchen erzieht – mit Puppen, Kleidchen und langen Zöpfen. Auch in der Militärrealschule leidet Rilke. Später führt er ein unruhiges Leben. Er reist viel, lebt in Hotels oder als Gast auf Schlössern. Gehen zu können, wann er will – das ist für ihn immer wichtig. Kein Wunder, dass er mit dem Panter gelitten hat. Jedenfalls hat Rilke die Fähigkeit, mit Worten das Besondere an Dingen, Tieren oder Situationen zu beschreiben. Wenn du sein Gedicht „Das Karussell" liest, ist es, als würdest du davor stehen. Alles scheint sich zu drehen. Mit dem Zauber seiner Worte schafft es Rilke, dass Blumen, Häuser, Gärten oder Engel plötzlich ganz anschaulich werden. Wie aus der Hand eines Bildhauers.

Während seiner Zeit als Privatsekretär des berühmten Bildhauers Auguste Rodin in Paris schreibt er den Briefroman „Die Aufzeichnungen des Malte Laurids Brigge" (1910). Darin erscheint die Großstadt als Ort des Schreckens.

Moderne Zeiten

Die liebe Familie Teil eins: Thomas Mann und die Buddenbrooks

Familientreffen sind öde? Von wegen. Wenn sich Onkel Hans und Tante Elsbeth streiten, ist mächtig was los. Oder? Die eigene Familie kann sogar Vorbild zu einem Stück Weltliteratur werden. Thomas Mann hat es bewiesen.

„Die Buddenbrooks" heißt sein Roman in zwei Bänden, den er im Jahr 1901 veröffentlicht. Thomas Mann (1875–1955) erzählt darin die Geschichte seiner Familie. Nur dass die Manns eben Buddenbrooks heißen und im wirklichen Leben recht erfolgreiche Kaufleute in Lübeck sind. Im Roman hingegen sind die Buddenbrooks gar nicht so erfolgreich. „Verfall einer Familie" heißt das Buch im Untertitel.

Das Buch trägt teilweise *autobiografische* Züge. Thomas Mann hat jenes bewegte 19. Jahrhundert mit all seinen Veränderungen genommen und gezeigt, wie das Großbürgertum schön langsam von der Bildfläche verschwindet.

autobiografisch
das eigene Leben beschreibend

Die Kritiker waren begeistert.

Der erst 26-Jährige, der zuvor einige Novellen geschrieben hat, wird mit einem Mal berühmt. 1929 erhält er für dieses Buch, das sich bis heute mehrere Millionen Mal verkauft hat, den Literaturnobelpreis. Die erste Generation der Buddenbrooks ist noch ganz von den Idealen der Kaufleute bestimmt: Fleiß, Nützlichkeit, Sparsamkeit und Pflichterfüllung. Der kluge und willensstarke Unternehmer Johann Buddenbrook senior lebt nach diesen Werten. Er handelt erfolgreich mit Getreide. Man würde heute sagen, er ist ein Macher. Er zermartert sich nicht den Kopf, sondern tut was. Aber schon seine Söhne sind nicht mehr ganz so tatkräftig. Der eine heiratet nicht standesgemäß, der andere ist sehr religiös und kein guter Kaufmann. In der dritten Generation tauchen dann Thomas und Christian Buddenbrook auf. Thomas wird Chef der Firma und Senator, ist aber ein recht komplizierter Typ. Er spielt den Bürger und Kaufmann, ist es in seinem Innersten aber nicht mehr. Denn er denkt mehr nach. Er ist ein *Ästhet*. Und Christian, der bringt das Geld durch, schadet dem Ansehen der Familie, ist ein stets verschuldeter Lebemann.

In der vierten Generation ist es dann Hanno Buddenbrook, der überhaupt nichts mehr mit den alten bürgerlichen Tugenden und Werten zu tun hat. Hanno ist Künstler. Ein sensibler Mensch, ein wenig lebensfremd, unpraktisch und kränklich. Ein Träumer. Je mehr die Familienmitglieder nachdenken, desto mehr werden sie von des Gedankens Blässe auch angekränkelt. Aus den Machern werden die Nachdenker. Nur die Tante Tony Buddenbrook hat es nicht so mit dem Nachdenken. Sie bleibt immer die Gleiche. Und träumt ihren Traum vom angesehenen Bürgertum. Auch wenn der Verfall schon längst vollzogen ist.

Ästhet
jemand, der das Schöne liebt

Thomas Mann (erste Reihe, rechts am Gang) bei der Verleihung des Nobelpreises in Stockholm 1929

Die liebe Familie Teil zwei: Streit zwischen Thomas und Heinrich Mann

Dass sich Brüder zoffen, ist normal. Morgen ist alles wieder vorbei. Aber nicht bei den Manns. Diese Familie bringt sehr bedeutende und eigenwillige Menschen hervor. Wenn da zwei streiten, ist es Literaturgeschichte.

Und das ist kein Wunder, denn sie streiten über den Ersten Weltkrieg. Thomas und Heinrich Mann (1871–1950) haben sich über dieses Stück Geschichte in Aufsätzen und Briefen auseinander gesetzt. Natürlich geht es dabei auch um Persönliches. Die zwei sind nämlich recht verschieden, auch wenn beide Schriftsteller sind und daher eitel. Heinrich ist der Ältere und schon ein bekannter Autor, als Thomas mit den Buddenbrooks nachzieht und berühmt wird. Heinrich ist auch nicht faul, schreibt bedeutende Romane wie „Professor Unrat" (1905), „Die kleine Stadt" (1909) und „Der Untertan" (1914). Und Thomas kontert mit den Novellen „Tod in Venedig" (1913) und „Tonio Kröger" (1914).

Während Heinrich sozialkritisch ist und politisch eher links steht, ist Thomas Mann ein Schöngeist und *konservativ*. Das heißt damals, er ist für Kaiser und Nation. Damit steht Thomas am Vorabend des Ersten Weltkriegs auf Seiten der überwiegenden Mehrheit der Menschen. Mit Hurra*patriotismus* stürzt sich Europa 1914 in den Krieg.

Heinrich Mann ist schlauer. Er ist Pazifist (= Kriegsgegner) und erinnert 1915 in seinem Essay „Zola" an den engagierten französischen Autor Emile Zola. Der Intellektuelle soll, so schreibt Heinrich, für die Wahrheit, die Vernunft, die Demokratie kämpfen. Und vor allem auch für den Frieden. Heinrich schreibt das mitten im Krieg.

konservativ
am Alten festhaltend

Patriotismus
oftmals unkritische Vaterlandsliebe

Sein Bruder Thomas antwortet darauf mit den „Betrachtungen eines Unpolitischen" (1918). Er verteidigt den Krieg. Thomas gegen Heinrich – das ist der Kampf *Monarchist* gegen Demokrat, Unpolitischer gegen Politiker, Künstler gegen Literat, Deutschtum gegen moderne Zivilisation. So führt der Erste Weltkrieg zu einem Bruderzwist.

Und der dauert länger als der Krieg. Thomas und Heinrich gehen sich von 1914 bis 1922 so gut es geht aus dem Weg. Dafür hauen sie sich ihre gegensätzlichen Haltungen schriftlich um die Ohren. 1917 will Heinrich seinem Bruder die Hand zur Versöhnung reichen. Aber Thomas lehnt ab. Erst später nähern sie sich wieder an.

Monarchist
Anhänger der Königsherrschaft

Denn Thomas Mann hat sich nach dem Krieg gewandelt.

Er sieht ein, dass seine Haltung falsch war. Angesichts der Millionen Opfer auf dem Schlachtfeld wird auch Thomas Demokrat.

Weil Thomas und Heinrich Mann gegen Hitler und die Nazis schreiben, müssen beide 1933 Deutschland verlassen.

Am 31. Januar 1922 schreibt Thomas Mann seinem Bruder Heinrich einen Brief:

Lieber Heinrich, nimm mit diesen Blumen meine herzlichen Grüße und Wünsche, – ich durfte sie Dir nicht früher senden. Es waren schwere Tage, die hinter uns liegen, aber nun sind wir über den Berg und werden besser gehen, – zusammen, wenn Dir's ums Herz ist, wie mir.

Thomas Mann und Heinrich Mann (beide Fotos undatiert)

73 | Moderne Zeiten

Exkurs: Anapäst und Cholera – Tipps und Tricks für Lyriker

Hast du Lust auf ein Gedicht? Wir brauchen dafür nur Buchstaben, ein wenig Zeit und Stimmung. Wie in der Musik, da muss das Instrument auch gestimmt sein. Hier bist du das Instrument. Noch was? Ach ja, Handwerkszeug!

Das Wichtigste am Gedicht ist, dass es einer schreibt. Das Zweitwichtigste, dass du es liest. Und das Dritte? Dass du es laut liest. Denn Gedichte sind wie Musikstücke. Der Sound ist genauso wichtig wie der Inhalt des Songs. Nur wenn Klang und Rhythmus stimmen, wirkt das Gedicht.

Und was brauchen wir dafür? Zunächst ein lyrisches Ich. Es muss nämlich nicht unbedingt der alte Herr Goethe selbst sein, der unter Schlafstörungen leidet, wenn sein lyrisches Ich singt:

„Um Mitternacht, ich schlief, im Busen wachte / Das liebevolle Herz, als wär' es Tag."

Aber woran erkenne ich, dass es überhaupt ein Gedicht ist? Bis vor einigen Jahrzehnten hätte man gesagt: Gedicht ist, wenn sich's reimt! *Reim* und *Metrum* waren ein Muss. Metrum nennt man die Anzahl der Versfüße, also die Folge von betonten und unbetonten *Silben* in einem *Vers* (= Gedichtzeile).

Das ist dann ein ständiges Auf und Ab, wie in der Achterbahn. Da gibt es ganz bestimmte Loopings, die der Dichter *Versfüße* nennt. Der *Jambus* ist einer – erst geht's runter, dann rauf! Er beginnt also mit einer unbetonten Silbe, dann kommt die betonte.

Beim *Trochäus* ist es genau andersrum: erst eine betonte Silbe, dann die unbetonte.

Es gibt auch Dreier-Loops! *Daktylus* ist einmal rauf und dann zwei runter. Sechs Daktylen aneinander gehäkelt ergeben

Moderne Zeiten

einen *Hexameter*. Aus denen hat man in der Antike ganze Epen gestrickt. Ein weiterer flotter Dreier ist der *Anapäst*: einmal runter und dann zwei rauf.

Na, schon schwindelig? Dann können wir ja weitermachen.

Moderne Dichter sind freiheitsliebende Menschen. Sie lassen sich nicht gern in ein Korsett stecken. Deshalb verzichten sie auf den Reim und auf ein festes Metrum. Sie verwenden lieber *freie Rhythmen*. Das heißt, sie formen ihre Verse nur durch einen stark ausgeprägten Rhythmus.

Und nie vergessen – Lyrik ist Musik.

Man kann beim Singen noch vieles betonen. Einzelne Wörter, ganze Satzteile. Schnell oder langsam, laut oder leise. Lyrik ist auch Malerei. Wenn du viele E's in dein Gedicht packst, klingt es heller, als wenn lauter dunkle U's vorkommen. *Klangfarbe* nennen die Dichter das.

Und woran erkenne ich jetzt die ach so freien Gedichte? *Bilder* kommen viele vor. Und *Assoziationen*. Das sind wild fliegende Gedanken, die du als Dichter einfängst und miteinander verknüpfst. Und dann ist da noch die Art und Weise, die *Stimmung*, wie dein lyrisches Ich an die Welt herantritt: an einen geliebten Menschen, an die Natur, an den Tod, das Leben usw. Das sollte dann anders klingen als eine Gebrauchsanweisung für einen Toaster. Aber auch die könnte zum Gedicht werden. Warum nicht eine weihevolle Ode an den Toaster schreiben? Alltag in der Lyrik ist heute normal. Und wenn Form und Inhalt mal ganz verschieden sind, kann das reizvoll sein.

Klang und Form sind auch in der modernen Lyrik wichtige Elemente. In der *konkreten Poesie* malt ein Dichter mit Buchstaben und Satzzeichen richtige Bilder aufs Blatt. Das nennt man visuelle Dichtung. Andere spielen mit Klängen. Das nennt man dann akustische Dichtung.

Gute Lyrik stapft nicht durch zartbitter-süßen Gefühlsbrei. Sie ist oft heftig. Zum Beispiel die Zeile in Georg Trakls Gedicht „Grodek" über den Ersten Weltkrieg: „Alle Straßen münden in schwarze Verwesung."

Monster, Mythen, Traumfiguren – was beschreibt die fantastische Literatur?

Richtig gruselige Geschichten – bei denen man sich unter der Bettdecke verstecken möchte? Auch die gibt es in der deutschen Literatur. Drei Meister solch fantastischer Werke sind Gustav Meyrinck, Alfred Kubin und Franz Kafka.

Schon in der Romantik gibt es viele Schauergeschichten. Der Schriftsteller E.T.A. Hoffmann (1776–1822) hat in alltägliche Situationen skurrile und gespenstische Szenen eingebaut. Diese Tradition hat sich erhalten. Dass es Spaß machen kann, sich zu gruseln, hat auch Sigmund Freud gewusst. Es sind die verborgenen Ängste der Menschen, die in solchen Geschichten geweckt werden.

Im Alltag sind sie uns nicht bewusst. Aber wenn man in einer Vollmondnacht im Halbschlaf dahindämmert … Dann geht es einem vielleicht wie dem Erzähler in Gustav Meyrincks (1868–1932) Roman „Der Golem" aus dem Jahr 1915. Der liest ein Buch über Buddha, schlummert ein, und plötzlich taucht eine Welt aus Gelesenem, Gehörtem und Erlebtem vor ihm auf. Im Traum ist er der *Gemmen*schneider Athanasius Pernath und irrt durch das geheimnisvolle Labyrinth des Prager Ghettos. Er trifft düstere Gestalten. Liebe, Hass und Eifersucht, Angst und Intrigen – die Atmosphäre ist gespenstisch. Im Traum begegnet er auch dem Golem. Das ist ein künstlicher Mensch aus einer alten jüdischen Sage. Ein Rabbiner soll ihn einst aus einem Lehmklumpen erschaffen haben. Dieses Frankenstein-Monster taucht immer wieder mal auf. Meyrinck hat viel Traumpsychologie und altes Geheimwissen in seinem Roman verarbeitet. Entstanden ist eine Reise in die Welt der eigenen Ängste.

Gemme
Schmuckstein mit eingeschnittenem Bild

Moderne Zeiten | 76

So ähnlich wie bei Alfred Kubin (1877–1959). Der ist nicht nur ein berühmter Zeichner, sondern auch Verfasser eines wichtigen fantastischen Romans: „Die andere Seite" (1909).

Auch hier ist es ein erfundener Erzähler, der von einem früheren Schulfreund namens Patera eingeladen wird. Und zwar in ein Traumreich, das irgendwo versteckt in Asien liegt. Der Erzähler bleibt dort drei Jahre, und die sind purer Horror: Alle Häuser sind grau und waren früher Orte grausamer Verbrechen. Patera ist der Herrscher des Reiches. Eines Tages taucht ein Amerikaner auf und revoltiert gegen Patera. Es kommt zu Krieg, Mord und Verwüstung. Das Reich geht unter. Patera stirbt, der Amerikaner siegt. Der Name Patera erinnert stark an das lateinische Wort *pater* = Vater. Der Schriftsteller Kubin hatte ein gespanntes Verhältnis zu seinem Vater.

Ebenso ein anderer Meister der menschlichen Ängste, Franz Kafka (1883–1924). Er ist Jude und in jenem Prager Ghetto aufgewachsen, von dem Meyrinck erzählt. Sein Name wird zu einem häufig gebrauchten Adjektiv. „Kafkaesk" ist eine Situation, in der eine geheimnisvolle, anonyme, bürokratische Macht plötzlich über den einzelnen Menschen hereinbricht und ihn bedroht.

Kafkas Roman „Der Prozess" (1925) beginnt so: „Jemand mußte Josef K. verleumdet haben, denn ohne daß er etwas Böses getan hätte, wurde er eines Morgens verhaftet."

Das Verfahren gegen Josef K. bleibt undurchschaubar. Der arme Mann weiß nicht, was er getan hat. Er will der Sache auf den Grund gehen. Am Ende ist er aber nicht schlauer als zuvor. Kafkas Werk wird in viele Richtungen gedeutet: psychologisch, religiös. Aber auch als Vorahnung eines Jahrhunderts, in dem *totalitäre* Staaten das Leben des einzelnen Menschen kontrollieren und bedrohen. Das wird in einer anderen Erzählung Kafkas noch deutlicher. „Die Strafkolonie" ist eine Art Konzentrationslager. Geschrieben hat Kafka die Geschichte schon 1919.

Franz Kafka ist ein unauffälliger Einzelgänger. Er arbeitet tagsüber in einer Versicherung. Nachts schreibt er. Zu Lebzeiten hat er wenig literarischen Erfolg. Er stirbt mit 41 Jahren und verfügt, dass alle seine Schriften vernichtet werden sollen. Aber sein Freund und Verleger Max Brod hält sich nicht daran.

totalitär
mit diktatorischen Methoden Demokratie unterdrücken

Sind Comics auch Literatur? Wilhelm Busch und seine Freunde

Asterix und Lucky Luke kennt jeder. Und Mangas - japanische Comics - auch viele. Aber sind die gezeichneten Geschichten auch Literatur? Klar, sie gehören zur Pop-Kultur. Selbst wenn es Unterschiede in der Qualität gibt.

Bis vor einigen Jahren hat man hierzulande die Nase gerümpft, wenn jemand Comics gelesen hat. Dabei war zum Beispiel Wilhelm Busch einer der frühen Comic-Autoren. Bei ihm geht es ganz schön gewalttätig zu. Max und Moritz, die Lausbuben mit ihren deftigen Streichen gegen die dummen Erwachsenen – die kennt wohl jeder. Und in der Bildergeschichte „Die fromme Helene" (1872) behandelt Busch sogar das Thema Sexualität. Die heranwachsende Helene ist nämlich hin- und hergerissen – zwischen kleinbürgerlicher Moral und sexuellen Trieben.

Die Ursprünge der Comic Strips (englisch für komische Bildstreifen) liegen in der politischen Karikatur des 18. Jahrhunderts.

Comics sind längst salonfähig. 1906 schuf Lyonel Feininger (1871–1956), der später als Maler weltberühmt wurde, mit „The Kin-der-Kids" und „Wee Willie Winkie's World" zwei frühe Meisterwerke. Berühmt sind auch Erich Ohsers Geschichten von „Vater und Sohn" aus den 1930er-Jahren. Sie waren in Deutschland sehr beliebt. Ohser, der unter dem Namen E. O. Plauen schrieb und zeichnete, war ein Gegner der Nazis. 1944 wurde er wegen abfälliger Bemerkungen über Goebbels und Himmler angezeigt. Er kam ins Gefängnis und beging kurz darauf Selbstmord.

In den 1950er-Jahren gab Rolf Kauka die deutsche Antwort auf Donald Duck: „Fix und Foxi". Und heute? Heute gibt es fast alles. Vom Schund bis Shakespeares Drama „Macbeth" oder Mozarts Oper „Die Zauberflöte". Und sogar literaturwissenschaftliche Sach-Comics. Zum Beispiel über Franz Kafka.

Moderne Zeiten

Was hat eine Wasserleiche im Gedicht zu suchen? Das fragten sich auch viele Zeitgenossen Gottfried Benns. Der junge Autor schockte sie nämlich 1912 mit dem Gedichtzyklus „Morgue". Was so viel bedeutet wie Leichenschauhaus.

Ganz schön flott, die Expressionisten: Wer war Gottfried Benn?

Ein Skandal! Die Leser sind entrüstet. Gedichte müssen schön sein, dachten sie. Der noch unbekannte Gottfried Benn (1886–1956) denkt anders. Er ist 26 Jahre alt und eigentlich Mediziner. Und das erklärt, warum er so ein nüchternes Bild vom Menschen hat. Krankheit und Tod gehören für ihn zum Alltag. Aber Benn will auch schockieren. Damals hatten die Menschen ein sehr edles Bild von sich selbst – als Krone der Schöpfung. Anders in Benns Lyrik: Gnadenlos wird da ein ersoffener Bierfahrer auf den Tisch gestemmt. Dessen Brusthöhle wird zur Vase für eine kleine Blume. Und um diese Blume sorgt sich Benn: „Trinke dich satt in deiner Vase! / Ruhe sanft, kleine Aster!"

Das war natürlich schockierend für die Leute. Aber Benn hält einer Zeit den Spiegel vor, in der der Mensch keinen Trost mehr finden kann. Mit ihm wird das Gedicht radikal modern. Deshalb und wegen seiner großen sprachschöpferischen Kraft ist er einer der wichtigsten deutschen Schriftsteller des 20. Jahrhunderts. Allerdings macht er politisch eine Dummheit: Für kurze Zeit begrüßt er 1933 die Machtergreifung Hitlers und der Nationalsozialisten, bevor er seine Meinung ändert. Das nimmt man ihm bis heute übel. Als Autor aber ist er unumstritten. Neben Georg Heym, Georg Trakl und Else Lasker-Schüler ist Benn der bedeutendste expressionistische Dichter. Nach 1922 sind seine Gedichte nicht mehr expressionistisch, sondern formgebunden und zeitlos.

Der Expressionismus (1910-1920) ist eine kulturrevolutionäre Bewegung, die die Zivilisation heftig kritisiert. Ihre Formensprache ist radikal neu: Sätze werden zertrümmert, neue Bilder und Wörter entworfen. Und schockierende Themen werden angesprochen.

Was ist Dada?
Alles Gaga? Blabla?

Kann man auf einem Steckenpferd wilde Ritte veranstalten? Aber ja. Die Dadaisten haben es vorgemacht. Den Namen für ihre Literaturrichtung haben sie ganz willkürlich gewählt. Dada ist auf Französisch das Steckenpferd.

Exil
Verbannung, Zufluchtsort

Dadaismus ist eine internationale Kunst- und Literaturrichtung, die aus dem Expressionismus entsteht. Ihre Zentren sind Zürich, Berlin, Paris, New York, Köln und Hannover. 1918 fordern die Berliner und die Züricher die radikale Veränderung der Gesellschaft.

Es ist das Jahr 1916. Seit zwei Jahren tobt der Erste Weltkrieg. Da treffen sich in Zürich einige Künstler, die Gegner dieses Krieges sind. Die meisten sind aus den Krieg führenden Ländern ins Schweizer *Exil* geflohen. Sie lehnen die bürgerliche Kultur ab und wollen Neues schaffen. In Zürich gründet Hugo Ball das Cabaret Voltaire, wo er mit seiner Frau Emmy Jannings und Künstlern wie Hans Arp und Richard Hülsenbeck Leseabende veranstaltet. In diesem Jahr wird auch die Gruppe Dada gegründet. Der Name entsteht zufällig: Der Dichter Tristan Tzara nimmt ein französisches Wörterbuch zur Hand, und das erste Wort, das ihm ins Auge springt, ist Dada.

Dieses Zufallsprinzip spielt bei den Dadaisten eine große Rolle. Das Material fliegt ihnen aus dem Leben zu. Und sie verarbeiten es zu zusammengesetzten Bildern, zu Collagen. Sie vermischen auch die verschiedenen künstlerischen Formen. Lautgedichte tragen sie zum Beispiel mit musikalischer Untermalung vor. Sie tanzen, machen Geräusche mit Näh- oder Schreibmaschinen, rezitieren gleich mehrere Gedichte auf einmal. Ein munteres Durcheinander ist das.

Satirisch sind die Dadaisten und ganz schön aggressiv, wenn sie gegen die alte Kultur zu Felde ziehen. Dada provoziert und greift dabei die Probleme des Alltags auf. Jeder Mensch ist ein Künstler, sagen sie. Und manchmal klingt es, als würden kleine Kinder stammeln. Auch das ist Programm bei Dada.

Moderne Zeiten

Manchmal treiben sich seltsame Figuren in der Literatur herum. Erst sieht es so aus, als machten sie nur Unsinn. Wenn man aber genau hinsieht, sind sie genial. Kurt Schwitters und Karl Valentin sind solche Figuren.

Die komischen Sprachjongleure: Wer waren Kurt Schwitters und Karl Valentin?

Kurt Schwitters (1887–1948) ist ein vielseitiger Künstler. Er malt, dichtet, spielt Theater, erzeugt Klänge. Und er bringt all das zusammen, er will ein Gesamtkunstwerk schaffen. Schwitters nennt seine Kunstrichtung „Merz" – was einfach nur ein Schnipsel aus dem Wort Kommerzbank ist.

Er erfindet Zahlen- und Lautgedichte, nimmt Wörter, die ihm zufällig begegnen. Er schreibt ganz verrückte Dialoge und Unsinnsgedichte. 1918 zum Beispiel erscheint sein Plakatgedicht „fmsbwtözäu pggiv- ?mü". Ein Jahr später plakatiert er sein Anti-Liebesgedicht „An Anna Blume" auf Litfaßsäulen. Am berühmtesten aber ist seine Ursonate (1932), an der er zehn Jahre lang arbeitet. In die Form einer klassischen Sonate bringt er alle möglichen „Urlaute", die er aus Abkürzungen auf Firmenschildern, Werbedrucksachen oder von Aufschriften auf Eisenbahnstellwerken zusammensucht. Das klingt dann so: „Fümms bö wö tää zää Uu, / pögiff / kwii Ee". Schwitters trägt 1925 seine Sonate selbst vor. Das Publikum ist begeistert: ein Heidenspaß, und dazu ein großartiges Klangkunstwerk.

Ein anderer großer Wortkünstler ist der Münchner Karl Valentin. Er tritt mit seiner ebenso großartigen Partnerin Liesl Karlstadt auf Münchner Bühnen auf. Ihr Humor ist hintergründig, und ihr Witz geht oft ins völlig Absurde, Widersinnige. „Blödsinn-Vorträge" heißt eines der Bücher. Valentin ist auch einer der Filmpioniere in Deutschland.

Karl Valentin (1882-1948) und Liesl Karlstadt (1892-1960) schrieben mehr als 400 Dialoge und Sketche. Karl Valentin starb völlig verarmt und vergessen. Erst später haben Kabarettisten seine Kunst wieder entdeckt. Heute gibt es in München ein schönes Valentin-Karlstadt-Museum.

81 | Moderne Zeiten

Mehr Sachlichkeit, bitte! Und wer fordert das?

Oft kommt der Name einer Epoche aus der bildenden Kunst. Die Begriffe Expressionismus und Impressionismus etwa stammen aus der Malerei. Und Neue Sachlichkeit hat sich vor allem in der Architektur durchgesetzt. Aber auch in der Literatur.

In der Weimarer Republik (1918–1933) erfasst die Sachlichkeit alle Künste. In der Architektur zum Beispiel gibt es die „Bauhaus"-Bewegung. Die sucht klare, nüchterne Formen und behauptet: Schön ist, was zweckmäßig ist. Das meinen auch die Literaten, die aber keine feste Gruppe bilden. Literatur ist für sie Gebrauchskunst, die die Wirklichkeit genau beobachtet. Mithilfe von Aufsätzen und in Romanen soll die Gesellschaft nüchtern beschrieben und politisch verändert werden.

Die Schriftsteller verstehen sich als Aufklärer. Technik und Industrie bestimmen das Leben in den großen Städten. Die moderne Welt wird immer sachlicher und kälter, also müssen wir auch kühl und sachlich schreiben, sagen sie. Es gibt in den Texten kaum mehr Erzähler und Kommentatoren, die aus persönlichem Blickwinkel das Geschehen beschreiben. In der Neuen Sachlichkeit ist die typische Form der Bericht, in dem ohne Emotionen und schmückende Darstellungen berichtet wird.

Gefühle oder lyrische Stimmungen – das ist nichts für diese Künstler. Die äußere Wirklichkeit ist für sie das Spannendste. Und sie soll dokumentiert werden. Wie eine Zeugenaussage vor Gericht. Oder eine gute Zeitungsreportage. Deshalb gehört auch der rasende Reporter Egon Erwin Kisch zu den neusachlichen Autoren. Seine Geschichten sind berühmt, weil sie mitten aus dem richtigen Leben der einfachen Menschen berichten.

Viele berühmte Schriftsteller gehören – wenigstens zeitweise – zur Neuen Sachlichkeit: Erich Kästner, Anna Seghers, Alfred Döblin, Kurt Tucholsky, Lion Feuchtwanger, Ödön von Horvath, Carl Zuckmayer und Bert Brecht.

Mit Büchern
die Welt verändern!?

Was soll und was kann Literatur? Schön oder engagiert sein?

Welche Aufgabe hat Literatur eigentlich? Diese Frage wurde immer wieder heftig diskutiert. Die einen sagen, sie soll die Wirklichkeit widerspiegeln und die Gesellschaft verändern. Die anderen meinen, sie ist sich selbst genug.

Denn Kunst sei nicht für irgendetwas anderes da, zum Beispiel für politische Zwecke. Sie erhöhe den Menschen mit ihren eigenen Gesetzen. Das sagen die einen. Im Extremfall kann das „L'Art pour l'Art" sein: Kunst als reiner Selbstzweck.

Dabei geht es nur um Schönheit, um Ästhetik.

Darum nennt man das auch Ästhetizismus. Wie zum Beispiel beim frühen Stefan George. Und die andere Haltung, die nennt man engagierte Literatur. Sie will ins Leben eingreifen, will aufklären und die Welt verbessern. Das ist nicht dasselbe wie politische Propaganda. Denn es ist immer noch Kunst, um die es hier geht. Zum Beispiel bei Heinrich Mann.

Er hat einen Gesellschaftsroman geschrieben, der ganz typisch ist für eine engagierte Haltung in der Kunst: „Der Untertan" (1918). Er nimmt darin in sehr bissiger Weise die verlogene Gesellschaft der Kaiserzeit aufs Korn. Im Mittelpunkt der Geschichte steht Diederich Heßling, der Sohn eines Papierfabrikanten in einer deutschen Kleinstadt. Diederich ist ein unsympathischer, feiger und angepasster Typ. Heinrich Mann zeigt uns den Werdegang dieses typisch deutschen Untertans jener Zeit. Eines Tages sieht Diederich in Berlin den Kaiser vorbeireiten. Er ist berauscht, das ist der Höhepunkt seines Lebens.

Am Stammtisch spielt er den kaisertreuen Nationalisten. Zu

Mit Büchern die Welt verändern!?

seiner Geliebten und seinen Angestellten verhält er sich gemein wie ein Schwein. Er verrät politisch Andersdenkende und profitiert geschäftlich, wenn diese vom Gericht verurteilt werden. Mit gekauften Stimmen verschafft er sich ein politisches Amt als Stadtrat. Er verleumdet Demokraten und jubelt seinem Kaiser zu. Erst am Ende, als Diederich, der angesehene Bürger, ein Denkmal für den Kaiser enthüllt, zieht ein heftiges Gewitter auf. Das Ende der Monarchie ist nahe.

„Der Untertan" ist der bedeutendste sozialkritische Roman über diese Zeit. Heinrich Mann bleibt auch danach ein kämpferischer Schriftsteller. 1932/33 ruft er mit anderen Künstlern und Wissenschaftlern dazu auf, dass *Sozialdemokraten* und *Kommunisten* sich zusammentun, um die Herrschaft der Nationalsozialisten zu verhindern. Vergeblich. Heinrich Mann muss – wie viele andere Autoren – Nazi-Deutschland 1933 verlassen.

Im Exil verschärft sich die Debatte über die Funktion der Literatur. 1936 beginnt in der Moskauer Exil-Zeitschrift „Das Wort" die so genannte Expressionismus-Debatte. Marxistische Literaturwissenschaftler (siehe Seite 66 zu Karl Marx) greifen jene Literatur an, die in ihren Augen zur Entstehung des Nationalsozialismus beigetragen hat. Vor allem Expressionisten wie dem Lyriker Gottfried Benn wird dieser Vorwurf gemacht. Benn hat die Nazis anfangs ja auch gut gefunden.

Für die *linken* Schriftsteller ist klar: Literatur muss engagiert sein. Sie soll nicht nur mit Worten spielen wie der Dadaismus. Sie soll die Wirklichkeit widerspiegeln, Missstände aufzeigen und die Menschen zum *Sozialismus* erziehen. Dieser „Sozialistische Realismus" beherrscht lange Zeit die Literatur der marxistischen Welt. In der Sowjetunion und in der DDR darf nur geschrieben werden, was im Sinne dieser politischen und formalen Spielregeln ist. Oft werden die Schriftsteller überwacht, ihre Bücher von den Behörden zensiert. Aber nicht alle linken Schriftsteller teilen diese engstirnige Haltung.

Sozialdemokratie
Im 19. Jahrhundert entstandene politische Richtung, die versucht, die Grundsätze des Sozialismus mit denen der Demokratie zu verbinden. Die gerechte Verteilung von Gütern ist neben der politischen und rechtlichen Freiheit der Bürger ihr wichtigstes Ziel.

Kommunismus
Alle politischen Ideen, die ein Gemeineigentum von Produktionsmitteln (z. B. Fabriken) und eine klassenlose Gesellschaft fordern, das heißt, alle Menschen sollen völlig gleich und frei sein.

links
sozialdemokratisch, sozialistisch (im Gegensatz zu rechts: konservativ)

Sozialismus
politische Richtung, die privaten Besitz von Gütern und Produktionsmitteln in gesellschaftlichen Besitz überführen will

85 | *Mit Büchern die Welt verändern!?*

Ja, was denn jetzt?! Epik oder Theater? Der revolutionäre Bert Brecht

Wenn du ins Theater gehst, kannst du in ein Stück eintauchen und dich darin verlieren. Außer du wirst plötzlich von den Schauspielern angesprochen: „He, Zuschauer. Aufwachen!" Dann ist es vielleicht ein Stück von Bert Brecht.

Bert Brecht (1898–1956) ist gerade mal dreißig Jahre alt, als er die Idee vom Theater völlig verändert. Er ist ein Autor, der die Lehre des Marxismus nutzt, um die Missstände in der Gesellschaft zu verstehen und anderen zu erklären, wie sie eine richtige Haltung im Leben einnehmen können. Das vermittelt Brecht vor allem mithilfe von Theaterstücken. „Die Dreigroschenoper" (1928) zum Beispiel. Sie macht Brecht berühmt. In ihr entwickelt er seine Idee vom epischen Theater.

Brecht löst sich vom traditionellen Verständnis, das seit den alten Griechen vorherrscht. Er will ein modernes Theater. Der Zuschauer soll sich nicht mehr in das Stück hineinfallen lassen, sich nicht mit den Helden des Stücks identifizieren. Er soll vielmehr kritisch distanziert bleiben und selber mitdenken.

Dazu verwendet Brecht den Verfremdungseffekt. Zum Beispiel erzählt er die Handlung eines Stückes nicht mehr durchgängig. Er stellt einzelne Bilder hintereinander und baut Texte und Kommentare ein. Oder Songs. Die Schauspieler sprechen das Publikum direkt an. Kunst ist Aufklärung im Sinne einer besseren Welt. Die alten Verhältnisse, in denen Menschen andere Menschen ausbeuten, sollen beseitigt werden.

Brecht ist ein linker Schriftsteller. Aber er lässt sich nicht in das enge Korsett marxistischer Literaturauffassung pressen. Er liebt formale Experimente in der Kunst, wird einer der wichtigsten Lyriker und Dramatiker des 20. Jahrhunderts.

In der Weimarer Zeit schon ist er unter den führenden Autoren der Arbeiterliteratur. Obwohl er selbst kein Arbeiterkind ist: Sein Vater ist leitender Angestellter einer Fabrik in Augsburg. Erste Gedichte und Erzählungen schreibt der junge Brecht in der Schule. Kurz vor Ende des Ersten Weltkriegs wird er Soldat. Als 20-Jähriger nimmt er an der Revolution teil.

1933 muss er vor den Nazis fliehen und geht ins Exil. In die Schweiz, nach Dänemark und in die USA. Brecht lehnt aber auch die Bevormundung durch die kommunistische Partei und den „sozialistischen Realismus" ab. Die Freiheit der Kunst ist für ihn die Freiheit zum Experimentieren.

Nach dem Krieg siedelt er in die DDR über. Er leitet das „Berliner Ensemble", das es noch heute gibt. Aber die DDR ist nicht das Arbeiter- und Bauernparadies, als das sie sich ausgibt. 1953 revoltieren Arbeiter gegen die DDR-Regierung. Die spricht dem Volk ihr Misstrauen aus. Brecht schreibt in dem Gedicht „Die Lösung" ironisch: „Wäre es da nicht doch einfacher, die Regierung löste das Volk auf und wählte ein anderes?"

Brechts Gesamtwerk umfasst mehr als 30 Theaterstücke, über 2 500 Gedichte und Lieder, drei Romane, mehrere Dramen- und Romanfragmente sowie über 150 Prosaarbeiten, dazu Tagebücher und Briefe.

Bert Brecht (1931)

87 | *Mit Büchern die Welt verändern!?*

Alles fürs liebe Geld? Bert Brechts „Mutter Courage und ihre Kinder"

Anna Fierling heißt die tragische Heldin in einem von Brechts meistgespielten Stücken. Sie zieht als Händlerin durch die Lande, die vom 30-jährigen Krieg verwüstet sind. Anna verdient am Krieg. Und verliert doch alles.

Kürzlich stand in der Zeitung: „Aus Armut hat eine Mutter in Bangladesch ihr Baby für umgerechnet weniger als acht Euro verkauft. Die Frau habe das Geld benötigt, um ihren vier anderen hungrigen Kindern Essen kaufen zu können."

Angeregt zu seinem Drama wird Brecht von Grimmelshausens „Lebensbeschreibung der Ertzbetrügerin und Landstörzerin Courasche". Die Uraufführung des Stücks findet 1941 in Zürich statt. Als tragische Heldin Mutter Courage kommt die legendäre Schauspielerin Therese Giehse auf die Bühne.

Eine Rabenmutter? Wer sollte das entscheiden? Auch Anna Fierling in Brechts Stück „Mutter Courage" könnte einem vorkommen wie eine herzlose Frau, die Geschäfte macht und sich nicht um ihre Kinder kümmert. Es ist Krieg, und Anna treibt Handel mit den Soldaten. Sie ist eine „Hyäne der Schlachtfelder". Denn für sie ist der Dreißigjährige Krieg kein Religionskrieg, sondern ein Kampf ums Geld und ums Überleben.

Doch Anna verliert durch den Krieg ihre Kinder: Schweizerkäs, Eilif und die stumme Kattrin sterben eines nach dem anderen, während die Mutter sich ums Geschäft kümmert. Dabei ist sie nicht feig. Ihr Name Courage bedeutet mutig. Immerhin sorgt sie für den Lebensunterhalt ihrer Familie. Aber ihr Mut reicht nicht, sich dem Krieg offen zu widersetzen. Am Ende verliert Anna alles, wird selbst Opfer. Doch sie lernt nichts daraus. Ihre Gedanken kreisen schon wieder um den Handel.

Bert Brecht hat dieses Stück 1939 im schwedischen Exil geschrieben. Zu einer Zeit, als der Zweite Weltkrieg vor der Tür stand und die skandinavischen Regierungen hofften, mit Hitlers Regierung Geschäfte machen zu können. Brechts Stück ist auch eine politische Warnung: Krieg ist mörderisch. Armut auch.

Mit Büchern die Welt verändern!?

In den 1920er-Jahren entsteht eine Partei, die nur kurze Zeit später ganz Europa in den Abgrund reißt: die NSDAP. Der Schriftsteller Lion Feuchtwanger hat 1930 ihren Aufstieg in seinem Roman „Erfolg" genau beschrieben.

Was öffnet man mit einem Schlüsselroman? Die Geschichte. Zum Beispiel bei Lion Feuchtwanger

Lion Feuchtwanger (1884–1958) stammt aus einer konservativen, jüdischen Familie, die in München eine Margarinefabrik besitzt. Früh schon wird er Kriegsgegner. Er ist sein Leben lang mit Bert Brecht befreundet. Auf dessen Rat hin zieht er nach Berlin. Dort schreibt er seine Abrechnung mit dem München der 20er-Jahre, in dem die Nazis ihren Aufstieg erleben. „Erfolg" ist der erste Teil einer Trilogie (aus drei Teilen bestehendes Werk) namens „Wartesaal".

Feuchtwanger ist ein Aufklärer. Er hofft auf den Sieg der Vernunft und ist um historische Wahrheit bemüht. „Erfolg" spielt im München der Jahre 1920 bis 1924. Feuchtwanger zeigt eindringlich die korrupte, bestechliche Gesellschaft, die einen Hitler möglich gemacht hat. Hitler heißt im Roman Robert Kutzner, und die Nazis sind die „wahrhaft Deutschen".

Die Großindustrie gibt der noch kleinen NSDAP Geld, weil diese gegen die Linken kämpft. Die Richter beugen sich dem politischen Einfluss. Und die Kleinbürger fühlen sich von den Nazis verstanden, weil diese die Sehnsucht nach dem starken Führer befriedigen. Franz Flaucher ist so ein Kleinbürger: ein typischer Beamter seiner Zeit, der durch Buckeln nach oben kommt und Kultusminister wird. Feuchtwanger nahm sich für diese Figur den bayerischen Politiker Gustav von Kahr zum Vorbild. Allerdings erscheint er im Roman verschlüsselt. Sonst hätte der Autor wohl eine Verleumdungsklage am Hals gehabt.

Lion Feuchtwanger wird schon mit dem historischen Roman „Jud Süß" (1925) über Nacht ein internationaler Bestsellerautor. Er gehört zu den auflagenstärksten deutschsprachigen Schriftstellern. Für seinen Roman „Erfolg" wird er für den Literaturnobelpreis vorgeschlagen.

Mit Hurra in den Untergang! Welche Erfahrungen machen Schriftsteller mit dem Ersten Weltkrieg?

Sie dachten, sie kämen bald wieder zurück. Aber Millionen blieben im Schlamm der Schlachtfelder liegen. Der Erste Weltkrieg wird zum Albtraum einer Generation. In den zehn Jahren danach erscheinen viele Bücher darüber.

Zum Beispiel Erich Maria Remarques international bekannter Roman „Im Westen nichts Neues" (1929). Die Erlebnisse des Frontsoldaten Paul Bäumer in Frankreich werden zur bitteren Anklage gegen den Krieg. Anfangs sind die jungen Männer noch begeistert. Aber der Krieg macht aus den Menschen Tiere. Wie konnte es dazu kommen?

Bereits 1928 erscheint ein anderer Roman, der diese Frage stellt: „Jahrgang 1902" von Ernst Glaeser. 1902 ist das Geburtsjahr des Ich-Erzählers, eines Gymnasiasten in einer hessischen Kleinstadt. Er berichtet von der Gesellschaft, in der er groß wird. Intolerant, verlogen und prüde sind sie, die Erwachsenen vor dem Ersten Weltkrieg. Schließlich verfallen das kaiserliche Deutschland und ganz Europa in nationalen Größenwahn. Alles jubelt, als der Krieg ausbricht.

Ludwig Renn erzählt in seinem autobiografischen Roman „Krieg" (1928) von der dumpfen Eintönigkeit des Stellungskriegs. Nur wenige Meter voneinander entfernt, beschießen sich die Soldaten aus Schützengräben. Monatelang.

Bereits 1920 schreibt Ernst Jünger das Tagebuch eines Frontsoldaten: „In Stahlgewittern". Granatangriffe, Grabenkrieg, Gas, Verwundung, Tod – der Ich-Erzähler in diesem Tagebuch berichtet nüchtern und ohne moralische Anklage. Manchmal scheint er fast stolz zu sein auf seine militärischen Heldentaten. Jüngers Buch wird deshalb immer wieder stark kritisiert.

Manche Kritiker werfen Ernst Jünger vor, er habe den Krieg verherrlicht.

Mit Büchern die Welt verändern!?

Er trägt verschiedene Namen: Theobald Tiger, Ignaz Wrobel, Peter Panter oder Kaspar Hauser - dahinter verbirgt sich immer ein und derselbe Mann. Der Journalist, Kritiker, Erzähler, Lyriker und Essayist Kurt Tucholsky.

Nie wieder Krieg! Der dunkelrote Panter Kurt Tucholsky und sein Freund Carl von Ossietzky

Kurt Tucholsky (1890–1935) mag die Menschen und verabscheut deshalb alles, was mit Krieg, Militarismus und Nationalismus zu tun hat. Dagegen schreibt er an – mit *Feuilletons*, Gedichten, Liedern. Mit seinen satirischen Texten gegen das Bürgertum ist er einer der meistgelesenen Autoren der 20er-Jahre. Aber schon zur Zeit der Weimarer Republik zieht er sich damit den Hass bestimmter Kreise zu. Von ihm stammt auch der Satz „Soldaten sind Mörder". Ein Satz aus dem Jahr 1931, der bis in unsere Zeit hinein für viel Aufregung sorgt. Tucholsky bekommt damals Ärger mit den Militärs.

Er kämpft für Menschenrechte und engagiert sich für linke Parteien. „Nie wieder Krieg!" ist die Devise. Tucholsky schreibt viel für die Berliner Wochenzeitung „Die Weltbühne". 1931 ist sein Freund, der mutige Journalist Carl von Ossietzky, Herausgeber dieser Zeitung. Und dem wird der Prozess gemacht wegen des Soldaten-Zitats. Achtzehn Monate geht er dafür ins Gefängnis.

Ossietzky wird später von den Nazis im Konzentrationslager ermordet. Tucholsky geht ins schwedische Exil.

Tucholsky ist ein mutiger, klarer Kopf. Er schreibt voller Schärfe und Witz, greift die reaktionären Kräfte in Deutschland an (also jene, die für ein militaristisches Deutschland sind). „Deutschland, Deutschland über alles" heißt Tucholskys berühmtestes Buch, das auch heute noch aktuell ist.

Feuilleton (sprich: föijetong) kultureller Teil einer Zeitung; Aufsatz im Plauderton

Kurt Tucholsky ahnt schon früh, was auf die Deutschen zukommt. Ab 1919 warnt er vor den Nazis. Vergebens. 1933 muss er fliehen, seine Bücher werden verboten. Verzweifelt nimmt er sich 1935 das Leben.

Mit Büchern die Welt verändern!?

Exkurs: Tipps und Tricks für Erzähler

Wenn ein Schriftsteller eine Geschichte erzählen möchte, überlegt er, wie er das machen könnte. Nicht alle Details sind gleich wichtig. Und man kann nicht alles gleichzeitig erzählen. Also muss er ein paar Tricks anwenden.

Im Gegensatz zum auktorialen Erzähler kennt der personale Erzähler nur die Gefühle und Gedanken der Person, aus deren Perspektive die Handlung erzählt wird.

Die erste Frage ist: Wer erzählt eigentlich die Geschichte? Ein Ich-Erzähler vielleicht. „Ich ging zum Strand …" Oder ein personaler Erzähler, also eine bestimmte Figur: „‚Ich geh baden', dachte Frau Maier und packte ihren Bikini …" Es gibt auch den auktorialen Erzähler. Der weiß alles, kennt jede Handlung und die Gefühlsregungen aller Figuren. „Voller Freude gingen die Menschen im Sommer 1822 zum Meer hinunter …"

Der Schriftsteller erfindet sich also eine Person, aus deren Sicht das Geschehen dargestellt wird. Es ist ein Unterschied, ob ein Zehnjähriger von seinen lustigen Ferien am Strand erzählt, oder ob es seine 82-jährige Oma tut, die mit dem Rollstuhl im Sand stecken bleibt und in der Sonne schmort.

Der Schriftsteller entscheidet, ob er seine Figuren von außen zeigen will. Vielleicht lässt er einen allwissenden Erzähler beschreiben, wie der Enkel spielt und die Oma langsam einen Sonnenbrand kriegt. Oder er will vor allem Omas Gedanken und Gefühle vermitteln. Dann lässt er sie selbst als Ich-Erzählerin zu Wort kommen. Vermutlich schimpft sie in Gedanken über ihre Kinder, die sie am Strand abgestellt haben. Das ist dann ein innerer Monolog. Vielleicht schießen der Oma auch wilde Sachen durch den Kopf, ohne Punkt und Komma: Gedanken an früher, als ihr Mann noch lebte. Oder Bilder – dass sie sich in der Hitze vorkommt wie ein Grillhähnchen. Und so weiter. Das nennt man *stream of consciousness*.

stream of consciousness Bewusstseinsstrom

Damit keine Langeweile aufkommt, wird in modernen Romanen gern die Erzählsituation gewechselt: Mal erzählt die Oma, mal der Enkel. Man kann auch so genannte Montage-Elemente einbauen, zum Beispiel einen Eisverkäufer mit Schild: „Erdbeereis kühlt bei Hitze das Gemüt!"

Autor und Erzähler sind immer zwei Paar Stiefel.

Die sollte man nicht verwechseln. Man kann einen Autor nicht als dumm bezeichnen, nur weil sein Erzähler ein Fünfjähriger ist, der noch nicht lesen kann. Es ist ein Trick des Autors, der eine Geschichte aus einem bestimmten Blickwinkel darstellen will.

Natürlich kommt es manchmal vor, dass sich der Schriftsteller in die Geschichte als Ich-Erzähler oder als bestimmte Figur einbaut. Die nennt man „Alter Ego" des Autors (von lateinisch „das andere Ich").

Wichtig ist auch die Zeit. Jede Geschichte hat einen Anfang und ein Ende. Die Zeit, die man fürs Lesen braucht, nennt man Erzählzeit. Der Zeitraum, der in der Geschichte dargestellt wird, ist die erzählte Zeit. Kann sein, dass in unserer Geschichte die Oma zehn Stunden in der Hitze brät. Wenn wir beim Lesen aber genauso lange brauchen, bis wir das Ende der Geschichte erfahren, wäre es vielleicht langweilig. Also straffen wir die Echtzeit ein wenig. Es sei denn, wir wollen Omas ganzes Leben auf 600 Seiten erzählen. Dann verlängern wir die Erzählzeit im Vergleich zu den zehn Stunden am Strand.

Der Autor ist Herr über die Zeit. Und er kann unsere Oma erlösen. Wenn die Familie längst abgereist und die arme Frau kurz vorm Verdursten ist, dann schickt er einen Helden, der unverhofft auftaucht: den Deus ex machina (von lateinisch „Gott aus der Maschine"). Die Oma wird gerettet. Gott sei Dank. Und dem Autor auch.

Der Autor kann die Zeit raffen oder dehnen, kann zurückblenden oder vorausschauen. Er erzählt das Leben vieler Generationen oder nur einen Tag im Leben einer Figur.

Die Großstadt erobert den Roman. Und wer war Alfred Döblin?

Wenn du durch eine große Stadt läufst, prasseln tausende von Eindrücken auf dich ein. Autos und Busse rasen vorbei, Werbetafeln leuchten, Menschen wuseln um dich herum. All das fängt Alfred Döblin in seinem Großstadt-Roman ein.

Alfred Döblin (1878–1957) ist einer der wichtigsten deutschen Schriftsteller der Weimarer Republik. Und das liegt vor allem an seinem Roman „Berlin Alexanderplatz. Die Geschichte vom Franz Biberkopf" (1929). Döblin wählt nämlich eine ganz besondere Erzähltechnik, um das Chaos des Großstadt-Dschungels darzustellen. Simultantechnik nennt man das. Weil so viele Dinge gleichzeitig, also simultan geschehen und im Roman auch so dargestellt sind. Döblin nimmt die unterschiedlichsten Textteile (sprachlich, stilistisch und inhaltlich haben sie fast nichts miteinander zu tun) und bringt sie zusammen. Wie in einer Collage, wo Bildfetzen zu einem Ganzen zusammengeklebt werden. Dadurch entsteht das Bild der Großstadt Berlin. Dieses Bild ist alles andere als harmonisch, sondern wirkt zerrissen, bruchstückhaft. Dazu kommt, dass das Ganze nicht von einem Erzähler zusammenhängend berichtet wird. Stattdessen lässt Döblin verschiedene Personen aus ihrem jeweiligen Blickwinkel zu Wort kommen. Gleichzeitig und dabei doch sehr unterschiedlich, zum Beispiel mit inneren Monologen.

Alfred Döblin schreibt aus eigener Erfahrung: Als er mit seiner Mutter (die Eltern sind geschieden) als Zehnjähriger vom beschaulichen Stettin ins große Berlin umzieht, empfindet er die Stadt selbst so wirr.

Seine Kindheit verbringt Alfred Döblin in eher armen Verhältnissen. Nachdem er zunächst aus Geldgründen das Gymnasium verlassen muss, darf er später wieder auf die höhere Schule und kann studieren. Er wird Arzt für Nervenkrankheiten. Und er schreibt Romane.

Allerdings psychologisiert er darin nicht. Er beschreibt die Wirklichkeit seiner Figuren von außen. Der Autor, sagt Döblin, dürfe nicht die eigenen Ansichten in seine Romanfiguren hineinlegen. Er müsse neutral bleiben.

Am Ende muss der Leser entscheiden.

Damit wird Döblin einer der wichtigsten Autoren der Neuen Sachlichkeit. Die Hauptfigur in Döblins großem Berlin-Roman ist der ehemalige Zement- und Transportarbeiter Franz Biberkopf. Er wird aus dem Gefängnis entlassen und irrt durch das Berlin des Jahres 1928. Er will ein normales, anständiges Leben führen. Aber ohne Geld? Biberkopf wird Straßenhändler und Zeitungsverkäufer. Dann lernt er Reinhold kennen, einen Verbrecher, der ihn in seine Machenschaften hineinzieht. Der Mitläufer Biberkopf verliert erst seinen Arm, dann seine Freundin, später seine Freiheit und schließlich den Verstand. Am Ende bringt ein Prozess Biberkopfs Unschuld ans Tageslicht. Er steht wieder da, wo er am Anfang war: auf dem Alexanderplatz von Berlin. Aber jetzt ist er endgültig geläutert. Solche falschen Freunde wird er sich nicht mehr suchen.

In der Geschichte von Franz Biberkopf verwendet Döblin ständig andere sprachliche Mittel, zum Beispiel Berliner Jargon, Werbeslogans, Zeitungsdeutsch, Statistiken, aber auch schnoddrige Kommentare des Erzählers.

Szene aus der Fernsehserie „Berlin Alexanderplatz" (1979; mit Günter Lamprecht als Franz Biberkopf und Hanna Schygulla)

Mit Büchern die Welt verändern!?

Böhmische Dörfer II: Was heißt denn hier Onomatopoesie, Oxymoron, Parataxe und Pars pro Toto?

Hier kommt der zweite Teil unserer Reise durch die wundersame Welt der böhmischen Dörfer. Deine Freunde werden staunen! Wenn du diese Wörter kennst, kannst du mächtig auf den Putz hauen. Aber du musst natürlich nicht!

Ein echter Kracher ist das Wort *Onomatopoesie*. Dabei ist das, was sich dahinter verbirgt, eigentlich ganz einfach. Es ist die Lautmalerei. Zum Beispiel „miau" für das Geräusch, das eine Katze von sich gibt. Oder die Wörter „surren", „klirren" und „rattern". Sie geben die Klänge, die sie beschreiben, wieder.

Ganz gefährlich hört sich das *Oxymoron* an. Ist es aber nicht. Vom Oxymoron spricht man, wenn eine Formulierung unsinnig erscheint, weil sie einen Gegensatz beschreibt. Wortreiches Schweigen, kluge Dummheit oder hässliche Schönheit zum Beispiel. So was klingt dann immer recht geheimnisvoll. Moderne Dichter lieben das Oxymoron.

Dann ist da noch die *Parataxe*. Von der reden wir, wenn einfache Hauptsätze hintereinander gereiht werden. Sie sind alle gleichberechtigt. „Das Haus ist hoch. Das Dach ist schief. Die Tür ist schmal." Das Gegenteil nennen wir *Hypotaxe*, Schachtelsätze. Dabei werden die Gedanken gegliedert und in einen Hauptsatz und in abhängige Nebensätze aufgeteilt. „Das Haus, dessen Dach schief ist, hat eine schmale Tür."

Ein lustiges Stilmittel ist das *Palindrom*. Das sind Wörter oder Sätze, die du von vorne oder von hinten lesen kannst – es bleibt immer dasselbe. Otto ist das einfachste Beispiel. Oder Anna. Es geht aber auch mit längeren Beispielen: „Ein Esel lese nie."

Eine weitere Form, die Dinge nicht beim eigentlichen Namen zu nennen, ist die *Synekdoche*. Statt von allen einzelnen

Amerikanern zu reden, sagen wir manchmal nur: „Der Amerikaner". Wir nennen auch oft nur einen Teil für das Ganze (auf Lateinisch *„pars pro toto"*). „Ein Dach über dem Kopf" ist so ein Pars pro Toto. Denn mit „Dach" ist das ganze Haus gemeint.

Wichtig in unserer Sprache sind auch die *Symbole*. Die blaue Blume zum Beispiel ist ein Symbol für die Romantik geworden. Ein ganz alltäglicher Gegenstand wie eine Blume bekommt also eine tiefere Bedeutung und weist uns auf einen größeren Zusammenhang hin. Hier auf eine literarische Epoche.

Nach so vielen schwierigen Begriffen möchte man sich am liebsten auf eine Wiese legen und entspannen. Im Hintergrund plätschert ein Bach, die Sonne scheint, ein paar Bäume spenden uns Schatten, über uns zwitschern die Vögel. Eine perfekte Landschaft zum Relaxen. Die nennt man mit dem lateinischen Fachbegriff übrigens *„locus amoenus"*, den lieblichen Ort. Der ist ganz typisch für jene Dichtung, die Naturidyllen beschreibt – in der Antike, im Mittelalter oder im 17. Jahrhundert. Solche Art von Schäferdichtung, bei der im Freien schöne Frauen, Wein und Gesang vorkommen, nennt man übrigens auch *Anakreontik*. Nach dem griechischen Lyriker Anakreon, der im sechsten Jahrhundert vor Christus gelebt hat. Doch genug der böhmischen und altgriechischen Dörfer. Lieber noch ein anakreontisches Gedicht von Johann Peter Uz (1720–1796). Das lyrische Ich beobachtet ein hübsches Mädchen, das sich zum Bad im Teich entkleidet. Gerade als es spannend wird, stellt sich heraus ... es war nur „Ein Traum".

Sie fieng nun an, o Freuden!
Sich vollends auszukleiden;
Doch, ach! indems geschiehet,
Erwach ich und sie fliehet.
O schlief ich doch von neuem ein!
Nun wird sie wohl im Wasser seyn.

Der schwäbische Bestseller: Was beschreibt Hermann Hesse in „Siddharta"?

Es gibt viele Religionen, aber alle haben eine gemeinsame Wahrheit. Die zu finden, ist eine uralte Sehnsucht der Menschen. Hermann Hesse hat aus dieser Suche eine Erzählung gemacht, die weltberühmt ist - „Siddharta".

Hermann Hesse ist der meistverkaufte und vielleicht auch meistgelesene deutsche Autor weltweit. Neben „Siddharta" ist auch „Der Steppenwolf" ein sehr berühmter Roman. Hermann Hesse war der Kultautor der Hippie-Generation.

Im Untertitel heißt das Buch „eine indische Dichtung". Denn die Geschichte spielt in Indien zu der Zeit, als Buddha lebte. Zum Teil sind Legenden aus dem Leben dieses Weisen mit aufgenommen, der Rest der Geschichte ist von Hesse frei erfunden. Held ist Siddharta, der Sohn eines Brahmanen, also eines Priesters. Siddharta sucht nach Erleuchtung, aber er weiß, dass er sie bei den alten Lehren nicht findet. Zusammen mit seinem Freund Govinda verlässt er sein Elternhaus und schließt sich einer Gruppe von Asketen an. Die versuchen, mit eisernem Willen alle weltlichen Dinge hinter sich zu lassen, um Weisheit und Erleuchtung zu erreichen. Aber Siddharta und Govinda haben mit dieser Methode keinen Erfolg. Sie ziehen weiter und treffen auf Buddha. Govinda schließt sich dem Meister an. Siddharta will seinen eigenen Weg gehen. Er glaubt nicht, dass man mithilfe einer Lehre zur Erleuchtung kommt.

Er trifft eine Frau namens Kamala. Um ihr zu gefallen, wird er Kaufmann. Dabei wird er raffgierig, fängt an zu spielen und zu saufen. Siddharta kommt auf den Hund, aber kurz bevor er völlig am Boden zerstört ist, trennt er sich von Kamala. Er will sich das Leben nehmen, doch da hat er endlich seine Vision. Er musste erst ganz tief sinken, um diese Gnade zu erfahren.

Fortan führt er ein einfaches Leben am Fluss, er meditiert und erlebt das Gefühl der Einheit von sich und der Welt. Doch eines Tages taucht Kamala wieder auf. Sie ist todkrank und stirbt in Siddhartas Armen. Sie hinterlässt ihm ihren gemeinsamen Sohn. Wieder muss Siddharta feststellen, dass man an den Menschen und Dingen des Lebens nicht zu sehr festhalten darf. Denn auch der Sohn verlässt ihn. Siddharta kann ihm seine eigene hart erlernte Weisheit nicht einfach vermitteln – jeder muss die Wahrheit selbst finden.

Der Lyriker und Erzähler Hermann Hesse (1877–1962) ist 55 Jahre alt, als diese Erzählung erscheint. Indien und seine Religionen haben ihn zeit seines Lebens fasziniert. Seine Eltern waren dort als Missionare tätig. Aber mehr noch ist es die eigene Suche nach Wahrheit, die ihn selbst nach Indien geführt hat. Mit der Welt und den Dingen eins zu werden – diesen Gedanken holt sich Hesse nicht nur aus den asiatischen, sondern aus allen großen Religionen. Allerdings nicht aus den starren Lehren, die diese Religionen sich wie einen Panzer um ihre Wahrheit gelegt haben. Hesses Weg zur Erleuchtung ist ein individueller Weg, ein Einzelweg, den jeder nur für sich selbst gehen kann. Ein kleiner, steiniger Trampelpfad und keine Heils-Autobahn, auf der man schnell zum Ziel rast.

Hermann Hesse (1952)

Wenn die Schüler Monster werden – wer war Ödön von Horvath?

Manchmal sind auch Lehrer arme Opfer. Zum Beispiel der Ich-Erzähler in Ödön von Horvaths Roman „Jugend ohne Gott". Er hat nämlich mit Schülern und Eltern zu tun, die kalt und grausam sind. Kein Wunder: Der Roman spielt in der Nazizeit.

Der Ich-Erzähler ist ein 34-jähriger Lehrer, dem seine Schüler ganz furchtbar erscheinen: „Eine schreckliche Bande ... Alles Denken ist ihnen verhasst! Sie pfeifen auf den Menschen! ... Ihr Ideal ist der Hohn". Die 14-Jährigen leben in der Zeit des Nationalsozialismus, sind aufgehetzt und verhalten sich grausam. Schüler Otto zeigt seinen Lehrer an, nur weil der gesagt hat, Schwarze seien auch Menschen. In der Nazizeit sind solche Bemerkungen verboten. Der Lehrer aber glaubt an die Menschlichkeit. Allerdings verhält er sich politisch sehr angepasst.

Bei einem vormilitärischen Zeltlager kommt es zu kleineren Diebstählen, zu Streitigkeiten und schließlich zum Mord an einem Schüler. Der Lehrer ist daran nicht ganz unschuldig, denn er wollte die Diebstähle aufklären und schnüffelte in den Tagebüchern eines Schülers herum. Das führte zum Streit. Er fühlt sich deshalb mitschuldig am Tod des Schülers und flüchtet sich in den Glauben. Vor Gericht gesteht der Lehrer, das fremde Tagebuch gelesen zu haben. Durch seine Ehrlichkeit beeindruckt, erzählen auch die Schüler die Wahrheit. Und der Mörder wird gestellt. Es war der Schüler T., ein vernachlässigter Junge aus reichem Haus, der einfach nur mal sehen wollte, wie das ist, wenn einer stirbt. Horvaths Roman ist eine Kriminalgeschichte. Er erzählt aber auch von der unmenschlichen Atmosphäre in der Nazizeit. Am Ende geht der Lehrer in die Emigration – nach Afrika.

Ödön von Horvath (1901-1938) ist der Sohn eines ungarisch-österreichischen Diplomaten. Er lebt in Deutschland, muss 1933 aber vor den Nazis fliehen. Im Pariser Exil kommt er durch einen herabfallenden Ast zu Tode. Eines seiner letzten Bücher ist „Jugend ohne Gott" (1937).

Was ist ein Moralist? Einer, der an das Gute glaubt und die Menschen davon überzeugen will. Man denkt dabei sofort an erhobene Zeigefinger. Aber es geht auch anders: humorvoll, menschlich, liebenswürdig. Wie bei Erich Kästner.

Ein Mittel gegen Humorlosigkeit? Erich Kästners Gedichte

Moralist und Moralapostel sind zwei Paar Stiefel. Die Moralapostel seiner Zeit können Kästner gar nicht leiden. Weil er sich über ihre zweifelhafte Moral lustig macht. Erich Kästner (1899–1974) ist Journalist, Drehbuchautor und Romancier. Und er ist Lyriker. Voller Humor und Menschenliebe schreibt er über die kleinen Schwächen seiner Zeitgenossen, aber auch über politische Dinge. Mit seiner einfachen Sprache erreicht er viele Menschen. Eine seiner Sammlungen heißt „Doktor Kästners lyrische Hausapotheke" (1936). Darin sind Rezepte enthalten: Wenn man schlecht gelaunt ist, lese man dieses Gedicht, wenn man Heimweh hat, jenes. Oft sind sie hintergründig heiter. Wie zum Beispiel „Die Entwicklung der Menschheit":

„Einst haben die Kerls auf den Bäumen gehockt,
behaart und mit böser Visage.
Dann hat man sie aus dem Urwald gelockt
und die Welt asphaltiert und aufgestockt,
bis zur dreißigsten Etage.
(…)
So haben sie mit dem Kopf und dem Mund
den Fortschritt der Menschheit geschaffen.
Doch davon mal abgesehen und
bei Lichte betrachtet sind sie im Grund
noch immer die alten Affen. "

Kästner ist ein liberaler Mensch: Er lässt die Meinung anderer gelten. Aber er kritisiert auch die sozialen Verhältnisse, den Militarismus und die Diktatur. 1933 werden seine Bücher von den Nationalsozialisten verbrannt.

Vielleicht kennst du Erich Kästners Jugendbücher „Das doppelte Lottchen" (1949), „Pünktchen und Anton" (1930), „Emil und die Detektive" (1928), „Das fliegende Klassenzimmer" (1933).

Mit Büchern die Welt verändern!?

Warum verbrannten die Nationalsozialisten Bücher?

Der 10. Mai 1933 ist der dunkelste Tag in der Geschichte der deutschen Literatur. Nur wenige Monate nachdem die Nationalsozialisten an die Macht kommen, lassen sie die Bücher unliebsamer Schriftsteller verbrennen.

An jenem Tag errichten die Nazis Scheiterhaufen – in Berlin auf dem Opernplatz und auf vielen anderen öffentlichen Plätzen großer deutscher Städte. Alles ist sorgsam geplant. Die neuen Machthaber beseitigen alles, was ihnen nicht passt: Juden, Gewerkschafter, Kommunisten, Sozialdemokraten, engagierte Christen. Und Schriftsteller, weil sie zu einer oder mehreren der genannten Gruppen gehören. Oder einfach nur, weil sie kritisch sind. Die Zeit der Barbarei hat begonnen. Sie wird zwölf Jahre dauern und Millionen von Menschen das Leben kosten. Juden, Sinti und Roma, Russen und … und … und …

Am 10. Mai 1933 werden jene Bücher verbrannt, die die deutsche Propaganda unter der Leitung des Germanisten Joseph Goebbels als „Schmutz- und Schundliteratur" bezeichnet. Sie sind fortan verboten. Darunter die bedeutendsten Autoren deutscher und nichtdeutscher Sprache: Heinrich und Thomas Mann, Sigmund Freud und Einstein, Marx und Lenin, Voltaire und Heine, Carl von Ossietzky, Alfred Döblin, Lion Feuchtwanger und Ernst Toller. Und viele andere mehr.

Zahlreiche Autoren sind zu dieser Zeit bereits aus Deutschland geflohen. Andere fliehen erst noch. Insgesamt an die 250 Schriftsteller. Manche aber geraten in die Fänge der Nazis und werden in Konzentrationslagern ermordet. Andere halten den Wahnsinn nicht aus und nehmen sich selbst das Leben: Kurt Tucholsky, Ernst Toller, Walter Hasenclever und Walter Benjamin.

Die Nazis hatten seine Bücher nicht verbrannt. Sie dachten, sie könnten den bayerischen Schriftsteller Oskar Maria Graf für ihre Zwecke missbrauchen. Der aber schrie ihnen entgegen: „Verbrennt mich!" Und ging danach ins Exil.

Was ist Exil-Literatur? Am Beispiel Oskar Maria Graf

Das lateinische Wort *exilium* bedeutet Verbannung. Und so empfinden es viele deutsche Autoren. Zunächst gehen sie in benachbarte Länder, weil sie glauben, der Spuk habe bald ein Ende: Amsterdam, Paris, Prag. Oder in das Dorf Sanary-sur-Mer an der französischen Mittelmeerküste. Dort sind Bert Brecht, Lion Feuchtwanger und die Familie Thomas Mann.

Aber die Nazis überfallen ganz Europa. Bald sind deutsche Autoren über die ganze Welt verteilt. Oskar Maria Graf zum Beispiel geht nach New York. Auch Los Angeles mit Umgebung ist ein wichtiger Exil-Ort: Thomas und Heinrich Mann, Alfred Döblin, Theodor W. Adorno, Ludwig Marcuse, Lion Feuchtwanger und Bert Brecht sind hier. Über 1500 deutsche und österreichische Emigranten (Flüchtlinge) arbeiten in den Studios von Hollywood. Darunter Regisseure wie Fritz Lang oder Musiker wie Arnold Schönberg. Los Angeles ist in jenen Jahren ein Zentrum der deutschen Kultur.

Viele kommunistische Autoren gehen nach Moskau. Oder nach Mexiko, wie Anna Seghers und Egon Erwin Kisch. Andere Schriftsteller bleiben in Deutschland, obwohl sie gegen die Nazis sind. Sie versuchen, irgendwie durchzukommen, gehen in die so genannte innere Emigration. Erich Kästner etwa. Aber zwischen inneren Emigranten und Exil-Autoren gibt es Spannungen. Und für viele Exil-Autoren ist die Rückkehr ins Nachkriegsdeutschland sehr schwer. Zum Beispiel für Graf.

Im Exil entstehen bedeutende Werke der deutschen Literatur. Anna Seghers' „Das siebte Kreuz", Ödön von Horvaths „Jugend ohne Gott", Heinrich Manns „Henri Quatre", Thomas Manns „Joseph und seine Brüder", Lion Feuchtwangers „Der falsche Nero".

103 | Mit Büchern die Welt verändern!?

Die grausame Wahrheit des Nationalsozialismus: Was schreibt Anne Frank in ihr Tagebuch?

Zu ihrem dreizehnten Geburtstag bekommt Anne von ihrem Vater ein Tagebuch geschenkt. Sie beginnt, alles aufzuschreiben, was sie beobachtet. Anne ist Jüdin und lebt in Amsterdam. Zu jener Zeit, als die Deutschen Europa besetzen.

Anne Frank ist eine Symbolfigur. Sie steht für die Opfer des Nationalsozialismus. Ihr Tagebuch wurde in mehr als dreißig Sprachen übersetzt. Alte und neue Nazis behaupten immer wieder, das Tagebuch sei eine Fälschung. Die Wissenschaft hat längst eindeutig nachgewiesen, dass das Tagebuch echt ist.

Man möchte meinen, dieses Tagebuch gehört eigentlich zur niederländischen Literatur. Aber seine Geschichte ist so eng mit Deutschland verknüpft, dass es hier vorkommen muss. Anne Franks Eltern kommen aus Frankfurt am Main und sind 1933 vor den Nazis geflohen. 1940 marschieren deutsche Truppen in Holland ein. Wie in ganz Europa werden auch dort die Juden verhaftet und in Konzentrationslager verschleppt, wo sie ermordet werden. Die Familie Frank taucht unter. 25 Monate lang versteckt sie sich in einem Hinterhaus. Die Eltern Frank mit den Kindern Margot und Anne sowie einigen Bekannten.

Anne schreibt Tagebuch. Sie formuliert darin Briefe an eine Freundin, die sie erfunden hat und Kitty nennt. Ihr erzählt Anne alles, was sie bewegt und was sie erlebt. Ihre Ängste und Hoffnungen, aber auch das Verhalten der anderen im Versteck.

Am 1. August 1944 schreibt Anne den letzten Brief an Kitty in ihr Tagebuch. Drei Tage später kommt die Geheime Staatspolizei und verhaftet die Versteckten. Bald danach finden die Helfer der Familie das Tagebuch und heben es auf, bis Anne wieder zurückkommt. Aber sie kommt nicht mehr zurück: Sie und ihre Schwester sterben im Konzentrationslager Bergen-Belsen an Hunger und Typhus. Ihre Mutter wird in Auschwitz ermordet. Nur der Vater überlebt den Nazi-Terror. Erst Jahre später kann er sich überwinden, das Tagebuch der Anne zu veröffentlichen.

Literatur zwischen Trümmern

Nach dem Krieg: Womit beginnt der Wiederanfang der Literatur in der BRD?

Am 8. Mai 1945 ist der Krieg zu Ende. Aber der Schock sitzt tief. Europa liegt in Trümmern. 60 Millionen Menschen sind gestorben, davon die Hälfte Zivilisten. Die Nazis haben allein sechs Millionen Juden ermordet.

Was soll nach dieser von Menschen gemachten Katastrophe noch kommen? Welche Rolle kann Literatur haben? Auch die Schriftsteller sind ratlos. Doch erst einmal geht es um das tägliche Überleben. Deutschland ist von den Truppen der Siegermächte besetzt, und viele Deutsche schämen sich, weil die ganze Welt jetzt sehen kann, was Deutschland angerichtet hat.

Den Nazis wird der Prozess gemacht. Aber längst nicht alle Täter werden erwischt. Und irgendwann hört man auf, sie zu suchen. Viele Verbrechen werden unter den Teppich gekehrt, die Täter bleiben unbestraft. Man geht über zum Wiederaufbau des Landes und bemüht sich um Normalität. Der Kulturbetrieb kommt langsam auf die Beine. Schon 1945 erscheinen wieder Tageszeitungen: die Süddeutsche Zeitung, die Frankfurter Rundschau, der Tagesspiegel in Berlin. Auch literarische Zeitungen entstehen: zum Beispiel „Der Ruf" (1946–1947), den Hans Werner Richter und Alfred Andersch gründen. Als „Der Ruf" von den Besatzungsmächten verboten wird, gründen Richter und Andersch die Gruppe 47. Sie wird die einflussreichste literarische Gruppe in Westdeutschland und hält bis 1967.

Inmitten von Trümmern und verunsicherten Menschen entstehen also 1947 wieder erste Anzeichen von Zivilisation. „Trümmerliteratur" nennt man das, was da in den Ruinen entsteht. Einer ihrer bedeutendsten Autoren ist Wolfgang Borchert (1921–1947), der nur 26 Jahre alt geworden ist. Borchert will

Die Gruppe 47 wird 1947 in Herrlingen bei Ulm gegründet. Sie wird die bedeutendste westdeutsche Literatenvereinigung. Wichtige Autoren sind: Ilse Aichinger, Heinrich Böll, Ingeborg Bachmann, Günter Grass, Uwe Johnson, Siegfried Lenz, Wolfdietrich Schnurre, Peter Weiss, Paul Celan.

Literatur zwischen Trümmern | 106

eigentlich Schauspieler werden, aber der Krieg kommt ihm dazwischen. Die Nazis werfen ihn wegen staatsfeindlicher Äußerungen ins Gefängnis. Später ist er Soldat, gerät in Gefangenschaft, wird schwer krank. Er kommt zwar nach Hause, aber ihm bleiben nur zwei Jahre, um zu schreiben.

Sein berühmtestes Stück ist das Drama „Draußen vor der Tür" (1947). Darin geht es um den Kriegsheimkehrer Beckmann, der mit kaputtem Bein und furchtbaren Erinnerungen keine Hoffnung mehr auf ein neues Leben sieht. Er fühlt sich schuldig am Tod seiner Kameraden. Er entdeckt, dass sein Vater Juden an die Nazis verraten hat. Aber keiner zu Hause will verantwortlich sein für die Katastrophe, die da angerichtet wurde.

Noch längst sind nicht alle Kriegsgefangenen zu Hause, da kommt schon der nächste Konflikt: der Ost-West-Konflikt zwischen der kommunistischen Welt und der *kapitalistisch*-demokratischen. Deutschland wird geteilt.

Kapitalismus Wirtschaftssystem, dessen treibende Kraft das Gewinnstreben Einzelner ist (Gegenteil: Kommunismus)

Sozialistische Exil-Schriftsteller kehren nach dem Krieg in den von der Sowjetunion besetzten Teil Deutschlands zurück, in die spätere DDR. Andere Exil-Autoren warten erst mal ab.

Manche kehren nie wieder zurück.

Im Westen des Landes, aus dem die Bundesrepublik Deutschland wird, leben Autoren, die in der inneren Emigration waren.

1947 findet in Berlin der erste gesamtdeutsche Schriftstellerkongress statt. Dabei wird klar, dass nicht nur Deutschland in Ost und West geteilt ist, sondern auch die Literatur.

Vor allem die „Exil-Literaten" und die „Inneren Emigranten" geraten aneinander. Es wird viel über die Rolle der Schriftsteller in der NS-Diktatur diskutiert. Und übers Exil. Klar, alle waren gegen Hitler. Gestritten wird aber darüber, mit welchen Mitteln Literatur auf solche politischen Fragen reagieren soll.

Greif zur Feder, Kumpel! Literatur in der DDR: Wohin führt der Bitterfelder Weg?

Im Osten Deutschlands entwickelt sich die Literatur in eine andere Richtung als im Westen. Sozialistische Autoren kommen aus dem Exil zurück und helfen beim Aufbau der DDR. Sie übernehmen kulturpolitische Aufgaben im neuen Staat.

Mit dem Bitterfelder Weg sollte die Kunst in der DDR ganz in den Dienst des Sozialismus gestellt werden. Alle kritischen Stimmen zur Alltagswirklichkeit in der DDR wurden verboten.

Johannes R. Becher zum Beispiel führt den „Kulturbund zur demokratischen Erneuerung Deutschlands". Anna Seghers wird Präsidentin des Schriftstellerverbandes der DDR. Bert Brecht gründet in Ostberlin das Berliner Ensemble und wird dessen künstlerischer Leiter. Ludwig Renn übernimmt das Kulturwissenschaftliche Institut in Dresden.

Was im Nationalsozialismus passiert ist, darf sich nie wiederholen. Das ist die Überzeugung dieser Autoren. Und sie glauben, im Sozialismus das Erfolgsrezept dafür gefunden zu haben. Der Aufbau dieses Sozialismus ist daher auch eines der wichtigen literarischen Themen im Osten. Und die Abrechnung mit der nationalsozialistischen Vergangenheit, meist aus Sicht des kommunistischen Widerstands. Es soll sich auch ein einheitlicher Schreibstil entwickeln. So wollen es zumindest die Funktionäre, die Entscheidungsträger innerhalb des kulturellen Lebens. Diesen Stil nennt man sozialistischen Realismus.

1955 fordern Arbeiter in einem offenen Brief an die DDR-Schriftsteller mehr Bücher, die den „gewaltigen Aufbau" in allen Lebensbereichen der DDR beschreiben. Dieser so genannte Nachterstedter Brief führt zu zwei Konferenzen (1959 und 1964), die in der Chemiestadt Bitterfeld veranstaltet werden. Daraus entsteht eine kulturpolitische Bewegung in der DDR – der Bitterfelder Weg: Mehr Arbeiter sollten zur Feder greifen und schreiben. Vor allem über die Probleme der Arbeitswelt.

Es sind zweifelhafte Gestalten, die Jakob Biedermann in sein Haus lässt. Im Stück von Max Frisch geht es aber nicht nur um ungebetene Privatgäste. Denn die Brandstifter haben ganze Staaten in den Untergang gerissen.

Wer hat die Brandstifter reingelassen? Diese Frage stellt sich auch Max Frisch

Das Schauspiel „Biedermann und die Brandstifter" wird 1958 in Zürich uraufgeführt. Fünf Jahre zuvor wird es bereits als Hörspiel gesendet. Und gearbeitet hat der Schweizer Architekt und Schriftsteller Max Frisch (1911–1991) an der Idee schon seit den ersten Nachkriegsjahren. Zu einer Zeit also, in der die Menschen sich gefragt haben, wie es zum Nationalsozialismus kommen konnte. Aber auch zu einer Zeit, als die Kommunisten in vielen Ländern die Macht ergreifen. Zum Beispiel 1948 in der Tschechoslowakei.

In dem Stück regt sich der Haarwasserfabrikant Jakob Biedermann auf, als er in der Zeitung von Brandstiftungen liest. Eines Tages bekommt er selbst Besuch – von einem schmierigen Typen namens Josef Schmitz. Der schmeichelt Herrn Biedermann und appelliert an sein schlechtes Gewissen. Schmitz schafft es, dass er auf dem Dachboden Biedermanns einziehen darf. Bald schon zieht noch ein Kollege von Schmitz ein. Der bringt Benzinkanister und Zündschnüre mit. Herr Biedermann schaut dem Treiben zu. Aber er tut nichts dagegen. Bis es zu spät ist. Obwohl Biedermann ein schlauer und kühler Geschäftsmann ist, kann er sich gegen diese Bedrohung nicht wehren. Er liefert sogar selbst die Streichhölzer.

Ihm ergeht es also wie den Deutschen 1933, als sie sich von Hitler und seinen Kumpanen umwerben ließen. Irgendwann war es zu spät – der Dachstuhl stand längst in Flammen.

Der Schweizer Max Frisch ist einer der wichtigsten deutschsprachigen Nachkriegsautoren. In seinen Dramen und Prosatexten geht es oft um die Identität des Menschen, um die Frage „Wer bin ich?". Frischs bekannteste Werke sind „Stiller" (1954) und „Homo Faber" (1957).

Was ist das Treibhaus Deutschland? Der Schriftsteller Wolfgang Koeppen

In den 50er-Jahren ist Bonn Hauptstadt der Bundesrepublik. Bundeskanzler ist Konrad Adenauer. Es herrschen Intrigen und Machtspiele. Eine Atmosphäre wie im Treibhaus. So nennt Wolfgang Koeppen seinen politischen Roman.

Wie geht es in so einer Situation einem intelligenten Menschen, der eigentlich eine bessere Welt schaffen will? Eher nicht so gut. Die Hauptfigur in Wolfgang Koeppens (1906–1996) Roman „Im Treibhaus" (1953) jedenfalls leidet. Keetenheuve heißt er, der Bundestagsabgeordnete. Er hat schon in der Nazizeit gelitten, als er im Exil war. Aber auch in der Bundesrepublik Deutschland findet er sich nicht zurecht. Der Krieg ist noch keine zehn Jahre vorbei, da wird in der Bundesrepublik über Wiederbewaffnung gesprochen. Die politischen Intrigen und die Bestechlichkeit quälen den Politiker. Dabei war er einst so optimistisch aus dem Exil zurückgekehrt. Er hoffte, die Demokratie mit aufbauen zu können. Aber bei den Regierenden herrscht ein *autoritärer* Führungsstil. Und in seiner eigenen Partei ist Keetenheuve ein Außenseiter, weil er seinen Verstand nicht gegen ein Parteibuch getauscht hat und eine eigene Meinung behält. Überhaupt ist ihm die bürgerliche Lebensweise seiner Kollegen fremd. Er liebt Gedichte. Dennoch stellt er sich der politischen Aufgabe, bleibt aber völlig wirkungslos. Daran zerbricht auch seine Ehe. Seine Frau verfällt dem Alkohol. Und Keetenheuve selbst springt am Ende in den Rhein.

Koeppens Roman erzählt vom Scheitern des Neuanfangs in der so genannten Restaurationszeit. Auch wenn „Das Treibhaus" kein Schlüsselroman ist, kann man darin doch Ähnlichkeiten mit damals lebenden Politikern finden.

autoritär
völligen Gehorsam fordernd

Die 50er-Jahre in Westdeutschland waren wenig fortschrittlich. Wolfgang Koeppen hat diese Stimmung in seinen Romanen beschrieben. In „Tauben im Gras" (1951) und „Der Tod in Rom" (1954) geht es um die Folgeschäden, die der Nationalsozialismus hinterlassen hat.

Literatur zwischen Trümmern

Nach den Gräueln der Nazizeit kann man keine Gedichte mehr schreiben. Das sagte der Philosoph Adorno und meinte damit vor allen Dingen klassisch schöne Gedichte. Die Welt ist anders geworden. Die Poesie auch.

Düstere Aussichten – was war neu in der Lyrik nach 1945?

Dunkel, traurig und verschlossen sind die Gedichte nach 1945. Paul Celan (1920–1970) musste unter den Nazis Zwangsarbeit verrichten. 1948 veröffentlicht er „Der Sand aus den Urnen". Sein bekanntestes Gedicht ist die „Todesfuge", die so beginnt:

Schwarze Milch der Frühe wir trinken sie abends
wir trinken sie mittags und morgens wir trinken sie nachts
wir trinken und trinken
wir schaufeln ein Grab in den Lüften da liegt man nicht eng

1953 erscheint der Gedichtband einer jungen Frau: „Die gestundete Zeit" von Ingeborg Bachmann (1926–1973). Sie wird eine der wichtigsten Lyrikerinnen der 50er/60er-Jahre. Die Welt ist grau und dunkel, es gibt wenig Hoffnung, wenn Bachmann schreibt: „Es kommen härtere Tage. / Die auf Widerruf gestundete Zeit / wird sichtbar am Horizont."

Der Lyriker Günther Eich (1907–1972) wendet sich in „Botschaften des Regens" ab von der traditionellen Naturlyrik. Die Natur taugt nicht mehr als heile Gegenwelt: „Bestürzt vernehme ich / die Botschaften der Verzweiflung, / die Botschaften der Armut und die Botschaften des Vorwurfs".

Mit der Tradition bricht auch Hans Magnus Enzensberger (geboren 1929) in „verteidigung der wölfe" (1957). Er wendet sich gegen die starre Politik der Adenauer-Zeit.

Das Gedicht muss sich entziehen, schreibt Enzensberger. Es darf sich von den Mächtigen nicht vereinnahmen lassen.

111 | Literatur zwischen Trümmern

Warum will Klein Oskar nicht mehr wachsen? Der Schriftsteller Günter Grass

Er ist eine der bekanntesten Figuren der deutschen Literatur – der dreijährige Oskar Matzerath mit seiner Blechtrommel. An seinem dritten Geburtstag beschließt er, nicht mehr zu wachsen. Aus Protest gegen die Erwachsenen.

Mit dem Roman „Die Blechtrommel" (1959) wird der Schriftsteller Günter Grass weltberühmt. Er wird aber auch von vielen Leuten angefeindet. Zum Beispiel, weil es einige erotische Stellen in diesem Roman gibt. Deshalb geben Bremer Politiker Grass sogar jenen Literaturpreis nicht, der ihm zuvor zugesprochen worden ist. Aber auch gegen seine Sicht auf die nationalsozialistische Vergangenheit haben einige Leute etwas. Denn sie haben es sich bequem gemacht in ihrem oft leicht hingesagten Bedauern über die NS-Verbrechen. Grass' Ich-Erzähler Oskar wirbelt diese Floskeln ganz schön durcheinander.

Er berichtet vom Leben seiner Familie im ersten Teil des 20. Jahrhunderts. In den frühen 1950er-Jahren sitzt Oskar in einer Heilanstalt. Er ist ein echter Außenseiter – auch wegen seiner Körpergröße. Denn an seinem dritten Geburtstag hat er beschlossen, nicht weiter zu wachsen. Er will nicht Geschäftsmann oder Politiker werden, sondern klein bleiben. Oskar bekommt an jenem Geburtstag eine Blechtrommel geschenkt. Er trommelt ein paar Mal, stößt einen schrillen Schrei aus, mit dem er Glas zerspringen lassen kann, und stürzt sich die Kellertreppe hinunter. Von nun an wächst er nicht mehr. Er betrachtet die Welt aus der Sicht des „kleinen Mannes".

Oskar erzählt von seiner kaschubischen Großmutter im Grenzgebiet zwischen Polen und Deutschland, von seiner Kindheit in Danzig, von seinen zwei Vätern. Denn seine Mutter

Agnes ist mit einem Lebensmittelhändler verheiratet und hat zugleich einen Liebhaber. Das Trommeln ist und bleibt sein Protest gegen die Welt der Erwachsenen. Zum Beispiel, als die Nazis durch die Stadt marschieren. Während der eine Vater auf Seiten der Nazis eine kleine Karriere macht, kämpft der andere Vater, der Geliebte der Mutter, auf Seiten der Polen. Und wird hingerichtet. Mit Glück überlebt Oskar die Nazizeit und wird Mitglied in einer Liliputanergruppe. Später wird er Konzerttrommler und landet in der Nervenheilanstalt, weil er eine Krankenschwester ermordet haben soll.

Günter Grass, der auch Grafiker und Bildhauer ist, hat mit seinem Oskar eine einzigartige Figur geschaffen. Und er hat die Geschichte seiner Geburtsstadt Danzig im 20. Jahrhundert erzählt. Wobei er viele Erfahrungen aus seiner eigenen Kindheit und Jugend einfließen lässt. Grass schreibt noch zwei weitere Danzig-Romane (alle drei zusammen nennt man die „Danziger Trilogie"): „Katz und Maus" (1961) und „Hundejahre" (1963). Aber „Die Blechtrommel" ist der wichtigste deutsche Roman der Nachkriegszeit.

Günter Grass übt in seinen Romanen immer auch Gesellschaftskritik. Er ist ein politischer Autor und mischt sich ein. 1999 hat Grass den Literaturnobelpreis bekommen.

Günter Grass auf der Frankfurter Buchmesse 2003

Literatur zwischen Trümmern

Warum ist Rolf Hochhuths Theaterstück „Der Stellvertreter" so umstritten?

Was tat der Papst gegen den nationalsozialistischen Massenmord an den Juden? Rolf Hochhuth hat in seinem Theaterstück „Der Stellvertreter" dieses heiße Eisen angepackt. Es entbrannte eine Diskussion, die bis heute andauert.

Tabu
etwas, über das man nicht spricht

Als Hitler die Behinderten umbringen lässt, ruft ein katholischer Bischof zum Widerstand auf. Mit Erfolg: Das mörderische Treiben wird eingestellt. Aber bei der Judenverfolgung?

Rolf Hochhuth (geboren 1931) ist gerade mal 32 Jahre alt, als sein Erstlingswerk in Berlin uraufgeführt wird. Das Stück schlägt ein wie eine Bombe. Es kommt zu einem richtigen Literaturskandal. Denn Hochhuth hat ein Thema aufgegriffen, das im konservativen Adenauer-Staat ein *Tabu* ist: die Mitschuld des Vatikans am Holocaust (griechisch für Brandopfer, Massenvernichtung), der auf Hebräisch auch Shoa genannt wird. Der Autor wirft dem Papst vor, aus diplomatischen und wirtschaftlichen Gründen zum wohl größten Verbrechen der Menschheitsgeschichte geschwiegen zu haben. Hochhuth hat geschichtliche Quellen untersucht. Dennoch ist seine Tragödie in fünf Akten kein dokumentarisches Abbild der Geschichte. Es ist ein Kunstwerk mit einer eigenen Wahrheit.

Ein Jesuitenpater und ein evangelischer Christ, der aus taktischen Gründen Nazi geworden ist, versuchen Papst Pius XII. wachzurütteln. Er soll sich endlich öffentlich gegen die Judenverfolgung aussprechen. Vergeblich. Der Papst stellt sich nicht gegen die mörderische Politik der Nationalsozialisten. Obwohl er mit einer solchen Stellungnahme viel bewirken könnte. Die gläubigen Katholiken würden Hitler die Gefolgschaft kündigen. Hochhuth sieht die Gründe für das Nichthandeln in den wirtschaftlichen und politischen Interessen der Kirche. Der Papst als Stellvertreter Gottes auf Erden sei eben auch Leiter eines Wirtschaftsunternehmens namens Vatikan.

Der Clown ist nicht immer der Doofe. Manchmal ist er sogar recht schlau. Er lässt sich seine Freiheit nicht abkaufen. Auch wenn er dadurch ein Außenseiter der Gesellschaft wird. Wie Heinrich Bölls Clown Hans Schnier.

Warum ist Heinrich Bölls Clown traurig?

1963 ist ein Jahr, in dem die deutsche Literatur sich kritisch mit der Kirche auseinander setzt. Nach Hochhuths „Der Stellvertreter" erscheint Heinrich Bölls (1917–1985) Roman „Ansichten eines Clowns". Darin kritisiert die Hauptfigur Hans Schnier die katholische Kirche. Es kommt zu heftigen Diskussionen bei Kritik und Leserschaft. Viele verwechseln Erzähler und Autor, sie werfen dem gesellschaftskritischen Schriftsteller Böll vor, kirchenfeindlich zu sein. Dabei ist Böll selbst Katholik und überzeugter Christ. Aber eben ein kritischer.

Sein Clown Schnier ist ein Außenseiter, der sich dieser Gesellschaft mit all ihren Kompromissen und Lügen verweigert. Er kritisiert die bequeme Wohlstandsgesellschaft der Adenauer-Zeit und die heuchlerische Moral der Kirche. Schnier stammt eigentlich aus reichem Haus, will aber nichts mit diesem Erbe zu tun haben. Als seine Lebensgefährtin ihn zwingen will zu unterschreiben, dass künftige Kinder der beiden katholisch erzogen werden, weigert sich Schnier. Er wehrt sich eben gegen alle Formen der Machtausübung. Seine Freundin verlässt ihn. Schnier wird krank, hat keine Arbeit und kein Geld. Am Ende sitzt der traurige Clown am Bahnhof, spielt Gitarre und singt. Irgendjemand wirft ihm eine Münze hin. Schnier ist zum Bettler geworden. Und seine ehemalige Freundin kommt gerade aus dem Bahnhof – mit ihrem frisch angetrauten Mann, zurück von der Hochzeitsreise.

Heinrich Bölls Zeitromane, Hörspiele und Kurzgeschichten sind Momentaufnahmen aus der Geschichte der Bundesrepublik. Er ist einer der wichtigsten Autoren der deutschen Nachkriegsliteratur. Böll mischt sich auch in politische Debatten ein. 1972 erhält er den Literaturnobelpreis.

Literatur zwischen Trümmern

Was bedeuten Zettel für den Autor Arno Schmidt?

Die Gruppe 47 ist in den 50er- und 60er-Jahren das literarische Zentrum Deutschlands. Aber nicht alle Autoren gehören dazu. Arno Schmidt etwa sitzt in der Lüneburger Heide und will mit dem Betrieb nichts zu tun haben.

Vor allem Arno Schmidts Erzähltechnik und sein Wortwitz sind außergewöhnlich. Man muss sich in diese Art des Erzählens erst einlesen. Auch weil Schmidt eine sehr eigene Rechtschreibung und Interpunktion hat und zum Teil neue Wörter erfindet.

Polemik
scharfe, zum Teil unsachliche Kritik

Vielleicht schreibst du manchmal etwas auf Zettel, um es dir besser merken zu können. Arno Schmidt (1914–1979) hat das auch getan. Allerdings im großen Stil. Auf 120 000 Zetteln hat er die Einfälle und Gedanken zu seinem Roman „Zettels Traum" (1970) notiert. Es ist ein komplizierter und vielschichtiger Roman geworden, der 1330 DIN-A3-Seiten lang ist.

Schmidt ist ein eigenwilliger Zeitgenosse gewesen. Etwas schrullig, sehr belesen, streitbar und mit wenig Lust, irgendwo dazuzugehören. Kein Wunder, dass er 1973 seine Frau Alice geschickt hat, damit sie den Goethe-Preis abholt, den er von der Stadt Frankfurt bekommen hat.

Schmidt ist Schlesier und muss nach dem Krieg fliehen. Ein Thema, das häufiger in seinen Geschichten vorkommt. 1949 erscheint der Erzählband „Leviathan". In der Titelgeschichte flieht im Februar 1945 eine Gruppe im Zug vor der vorrückenden Sowjetarmee. Schmidt liefert darin sehr genaue und bissige Beschreibungen der Personen. Überhaupt ist Arno Schmidt ein Meister des bösen Humors und der *Polemik*. Manche seiner Geschichten lesen sich auch wie Sciencefiction-Romane. In „Schwarze Spiegel" ist der dritte Weltkrieg schon fünf Jahre vorbei. Die Welt ist verwüstet. Der namenlose Erzähler streift als vermeintlich letzter Mensch herum und baut sich im Wald eine Blockhütte. Er trifft zwar noch eine Frau, aber am Ende scheitert die Beziehung. Und die Menschheit stirbt aus.

Literatur zwischen Trümmern

1961 baut die DDR eine Mauer. Keiner darf mehr raus. Deutschland ist endgültig in Ost und West geteilt - zwei Welten, die sich schon vorher unterschiedlich entwickeln. Auch in der deutschen Literatur wird das zum Thema.

Wie wirkt sich das geteilte Deutschland auf die Literatur aus?

Weil er in der DDR keinen Verlag findet, veröffentlicht Uwe Johnson (1934–1984) beim Frankfurter Suhrkamp Verlag. Kurz vor dem Mauerbau geht er selbst in den Westen. 1959 erscheint sein Roman „Mutmaßungen über Jakob" – ein Roman der deutschen Teilung. Hauptfigur ist der Eisenbahnarbeiter Jakob Abs, der in der DDR lebt. Er liebt Gesine Cresspahl, die er von Kindesbeinen an kennt. Aber Gesine ist aus der DDR geflohen. Und so treffen sie sich im Westen, wo sich Jakob aber nicht heimisch fühlt. Am Morgen nach seiner Rückkehr in die DDR wird er auf dem Gleis von einer Lokomotive erfasst. Rückblickend werden die Ursachen seines Todes erörtert. Gesine und Jakob sind Opfer der Teilung. Später erweitert Uwe Johnson die Geschichte von Gesine, die mittlerweile in New York wohnt: „Jahrestage" (1970–73) heißt dieser berühmte Roman.

Ebenfalls um eine gescheiterte Liebe in Zeiten der Teilung geht es in Christa Wolfs (geboren 1929) Roman „Der geteilte Himmel" (1962). Das Leben in Ost und West entwickelt sich eben sehr verschieden. Das muss auch die Romanheldin Rita Seidel erfahren. Sie ist Arbeiterin in einer DDR-Waggonfabrik und will Lehrerin werden. Nach einer Krankheit erinnert sie sich an ihre große Liebe, den Chemiker Manfred. Der ist nach Westberlin gegangen. Christa Wolf beschreibt sehr detailliert die Menschen einer Industriestadt im Osten rund um den 13. August 1961 – den Tag, an dem die Mauer gebaut wird.

Die unterschiedliche Wahrnehmung der Wirklichkeit in Ost und West ist auch das Thema in Peter Schneiders Roman „Der Mauerspringer". Er wird 1982 veröffentlicht und ist der erste Teilungsroman eines westdeutschen Autors.

117 | *Literatur zwischen Trümmern*

Warum muss Wolf Biermann ins Exil gehen?

Es war einmal ein Traum. Und der hieß Sozialismus. Aber seine Wirklichkeit in der DDR ist alles andere als traumhaft. Wer sie beschreibt, wie sie ist, wird bespitzelt, verhaftet, verprügelt oder aus dem Land geworfen.

Die Ausbürgerung Wolf Biermanns ist die Bankrotterklärung des Kulturbetriebs in der DDR. Viele Schriftsteller und Intellektuelle protestieren dagegen.

Das gilt auch für Reiner Kunze (geboren 1933). Von dem Lyriker erscheint im Westen 1976 eine Prosasammlung mit dem Titel „Die wunderbaren Jahre". In Kurzgeschichten beschreibt Kunze die wirkliche Situation von Jugendlichen in der DDR. Die ist ganz anders als in der kommunistischen Propaganda, die nur fröhliche, optimistische Menschen zeigt. Kunze hat sich mit jungen Leuten unterhalten, mit Schülern, Studenten, Lehrlingen. Kritisches Denken wird ihnen nicht beigebracht. Toleranz auch nicht. Wer Gitarre spielt, stört die Ordnung. Wer Postkarten aus dem Westen hat, ist ein kapitalistischer Spitzel. Kunzes Darstellung der sozialistischen Wirklichkeit gefällt den DDR-Machthabern gar nicht. Sie setzen ihn unter Druck und werfen ihn 1977 raus. Der Autor lebt seither in der Bundesrepublik.

Anderen DDR-Autoren geht es ähnlich. Erich Loest wird 1957 in Leipzig zu sieben Jahren Haft verurteilt. Gerhard Zwerenz entkommt in den Westen. Auch der Philosoph Ernst Bloch, ein Marxist, verlässt den so genannten Arbeiter- und Bauernstaat.

Ein weiteres Beispiel ist Wolf Biermann (geboren 1936). Seine Eltern waren Kommunisten, wurden von den Nazis verfolgt. Der Liedermacher und Lyriker ist zwar Kommunist, kritisiert aber die Verbrechen Stalins und die Zustände in der DDR. Im November 1976 gibt er ein Konzert in Westdeutschland. Drei Tage später wird er von der DDR ausgebürgert. Er darf nicht mehr nach Hause zurückkehren.

Literatur zwischen Trümmern

Geht es hier jetzt um Fußball? Oder was hat ein Tormann mit Literatur zu tun? Er ist der Anti-Held in einer Erzählung von Peter Handke. Der kommt aus Österreich – wie auch einige andere bedeutende deutschsprachige Autoren.

Wie geht's dem Tormann beim Elfmeter? Der Schriftsteller Peter Handke

Thomas Bernhard (1931–1989) ist einer von ihnen. In seinen Romanen und Dramen geht es recht düster zu: Einzelgänger, Außenseiter, Tod, Verfall, Pessimismus. Oder Elfriede Jelinek (geboren 1946). Sie provoziert mit ihren Romanen und Stücken, zum Beispiel zum Thema Unterdrückung von Frauen.

Peter Handke (geboren 1942) wird in den 60er-Jahren mit seinem Sprechstück „Publikumsbeschimpfung" (1966) bekannt. In rhythmischen Chören reden vier Sprecher das Publikum an. Es geht nicht mehr um eine Handlung, sondern um das Verhalten und die Erwartungen der Zuschauer im Theater.

1970 erscheint die Erzählung „Die Angst des Tormanns beim Elfmeter". Auf den ersten Blick ist es ein Krimi. Aber Handke interessiert nicht der Mord, sondern der Täter. Ein ehemaliger Torwart, der sich nicht gut ausdrücken kann, verliert seinen Job, streift umher, tötet eine Kinokassiererin. Die Kommunikation ist gestört. Es gibt Fehleinschätzungen, Ängste, Missverständnisse. Die Angst des Torwarts vor dem Schützen ist dabei Symbol.

Um das Innenleben der Figuren geht es auch in „Der kurze Brief zum langen Abschied" (1972). Auf der Flucht vor seiner gescheiterten Ehe reist ein junger Autor quer durch Amerika. Zu Beginn der Reise erhält er einen Brief seiner Frau. Vieles deutet darauf hin, dass sie ihn ermorden will. Als sich die beiden treffen, bedroht sie ihn mit einem Revolver. Am Ende aber trennt man sich friedlich.

In den 1960er-Jahren wird die Literatur sehr politisch. Handke wehrt sich dagegen: Ihm geht es um die Sprache und um das, was Literatur beim Einzelnen verändert. Kritiker heften ihm deshalb das Etikett „neue Innerlichkeit" an.

Was und wer waren die wilden 68er? Die Politisierung der Literatur

Alles soll anders werden: die Politik, die Liebe, das Leben. 1968 gehen die Studenten auf die Straßen. Sie protestieren gegen den Vietnamkrieg und gegen die altmodische Gesellschaft. Auch die Literatur ist politisch.

Günter Wallraff sah sich nie als Literat. Ihm geht es ums Aufdecken und Wachrütteln. Dafür wird er bis heute heftig angefeindet. Unter anderem werden ihm Kontakte zum DDR-Geheimdienst vorgeworfen.

Die Demonstranten (man nennt sie auch „die 68er") wollen nicht nur freie Liebe, sondern ein herrschaftsfreies Leben. Aber in der bestehenden Gesellschaft, sagen sie, sei das nicht möglich. Viele träumen von einer Revolution. In der Literatur der 60er-Jahre wird über die Missstände in der Gesellschaft geschrieben. Ein Beispiel dafür ist der Journalist Günter Wallraff. Mit falschem Namen getarnt, arbeitet er in verschiedenen Betrieben und beobachtet, wie es da wirklich zugeht. Diese Methode, fremde Rollen anzunehmen, wird zu seinem Markenzeichen.

Angefangen hat alles mit der Bundeswehr. Wallraff verweigert 1963 den Kriegsdienst, wird eingezogen, bald aber in die Psychiatrie eingewiesen – man hält ihn für verrückt. Um nicht wirklich verrückt zu werden, schreibt er dort ein Tagebuch: „Von einem der auszog und das Fürchten lernte" (1970). Später nimmt er – getarnt als einfacher Arbeiter – Jobs in Fabriken an, um danach seine Beobachtungen zu veröffentlichen. Das passt den Bossen gar nicht. Aber immer wieder kann er sie austricksen. Zum Beispiel arbeitet er als Bote bei der Bild-Zeitung. Er belegt, dass man es dort mit der Wahrheit nicht sehr genau nimmt: „Der Mann, der bei Bild Hans Esser war" (1977).

In den 80er-Jahren verkleidet sich Wallraff als Türke und arbeitet als Leiharbeiter, auf Baustellen und in Fastfood-Lokalen. In „Ganz unten" (1985) beschreibt er die Demütigungen und Feindseligkeiten, die er aushalten musste.

Literatur zwischen Trümmern

Der Literaturbetrieb heute

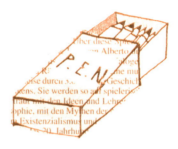

Schriftsteller mischen sich ein: Worüber wird in Literaturdebatten debattiert?

Schriftsteller sitzen zwar im stillen Kämmerlein und tippen Buchstaben in ihre Schreibmaschinen oder in den Computer. Sie mischen sich aber auch ein. Oft sind es Autoren, die Debatten in der Gesellschaft auslösen.

Ulrike Meinhof gehörte zur ersten Generation von Terroristen, die in den frühen 1970er-Jahren den deutschen Staat mit gewalttätigen Mitteln bekämpfte.

Andreas Baader weiteres Mitglied der Terroristengruppe

Heinrich Böll zum Beispiel hat 1972 einen Artikel im Magazin „Der Spiegel" veröffentlicht: „Will Ulrike Meinhof Gnade oder freies Geleit?" Darin kritisiert er, wie vor allem die Bild-Zeitung mit dem Thema Terrorismus umgeht. „Bild" hatte schon jahrelang gegen demonstrierende Studenten Stimmung gemacht. Als am 23.12.1971 bei einem Banküberfall von Unbekannten ein Zivilist getötet wird, schreibt die Zeitung, dass es die Baader-Meinhof-Gruppe gewesen sei. Ohne irgendwelche Hinweise für diese Behauptung. Heinrich Böll antwortet darauf mit dem Artikel im „Spiegel", in dem er die Hetze kritisiert.

Böll wird als Sympathisant der Terroristen beschimpft.

Zwei Jahre später erscheint seine Erzählung „Die verlorene Ehre der Katharina Blum", in der diese Auseinandersetzungen noch einmal Thema werden.

Eine andere Debatte löst ein Theaterstück von Rainer Werner Fassbinder aus: „Der Müll, die Stadt und der Tod" (1975/76). Darin spielt ein „jüdischer Spekulant" eine Rolle, der seine Spekulationsopfer finanziell „aussaugt". Darf man angesichts des Holocaust solche Figuren darstellen? Fassbinder ist politisch links, seine Kritiker werfen ihm dennoch Judenhass vor. 1985 soll das Stück in Frankfurt am Main aufgeführt werden. Das wird durch wütende Proteste deutscher Juden verhindert.

Der Literaturbetrieb heute

Eine weitere heftige Debatte, die von einem Schriftsteller ausgelöst wird, findet 1993 statt. Der Dramatiker Botho Strauß veröffentlicht im „Spiegel" den Essay „Anschwellender Bocksgesang" (1993). Darin kritisiert er die Massenmedien – zum Beispiel den Schrott, der im Fernsehen läuft. Und er vermisst bei der dumpfen Masse die alten Tugenden der Eliten: dienen, Entbehrungen aushalten, auf Wohlstand verzichten. Da bräuchte es wieder den „großen Knall", damit dieser Sumpf trockengelegt wird, meint Strauß. Er kritisiert auch den „psychopathischen Anti*faschismus*", wie er ihn nennt, und das zu einer Zeit, als Rechtsradikale in Deutschland wieder Häuser anzünden und Menschen erschlagen.

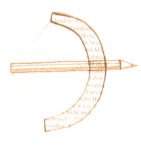

Faschismus
aggressiv nationalistische, militaristische, antiliberale Bewegung, die einen starken Führer fordert

Die Entrüstung über Strauß' Aufsatz ist groß. Viele werfen ihm vor, er zündele mit Worten.

Ähnlich ergeht es Peter Handke. Er fordert 1996 „Gerechtigkeit für Serbien". Im Jugoslawien-Krieg gerät nämlich vor allem die serbische Diktatur in die Kritik der Medien. Handke wendet sich gegen eine einseitige Darstellung. Er bediene aber selbst nur Klischees und Vorurteile, sagen seine Kritiker.

1997 ergreift Günter Grass das Wort und gibt der deutschen Politik Mitschuld am Krieg der Türkei gegen ihre eigene Bevölkerungsgruppe, die Kurden. Grass kritisiert die deutsche Asylpolitik und die Waffenlieferungen an die Türken. Mit deutschen Waffen werden Kurden ermordet, sagt Grass.

Einen Literatur-Skandal löst auch Martin Walsers Rede zur Verleihung des Friedenspreises des deutschen Buchhandels 1998 aus. Er kritisiert den Umgang der Deutschen mit ihrer nationalsozialistischen Vergangenheit. Die ständige Thematisierung der Judenvernichtung vergleicht er mit einer „Moralkeule", die das Gegenteil erreiche.

Der Präsident des Zentralrats der Juden in Deutschland, Ignatz Bubis, wirft dem Schriftsteller daraufhin „geistige Brandstiftung" vor.

123 Der Literaturbetrieb heute

Und was macht die Literatur heute?

Eigentlich ist alles beim Alten geblieben. Literatur wird geschrieben, und Literatur wird gelesen. Wie immer. Allerdings ist die Konkurrenz größer geworden: durch Fernsehen und Internet. Und worum geht es in den Romanen?

Nach den politischen 60er-Jahren kommt die Neue Subjektivität der 70er- und 80er-Jahre. Wenn zu viel Politik im Spiel ist, ziehen sich die Autoren irgendwann zurück. Neue Innerlichkeit hat man das in den 1970er-Jahren auch genannt. Da geht es dann viel um die eigenen Empfindungen und Wahrnehmungen der Schriftsteller. Sie protokollieren ihren Alltag und berichten von ihren Problemen im privaten Leben. Peter Handke etwa erzählt die traurige Biografie seiner Mutter in „Wunschloses Unglück" (1972). Auch in der Lyrik werden alltägliche, private Erfahrungen ausgedrückt – einfach und direkt.

Und was sind die literarischen Themen der 90er-Jahre bis heute? Natürlich ist die Wiedervereinigung der deutschen Staaten literarisch verarbeitet worden. Und häufig auch die Frage, welche Rolle die Schriftsteller spielten. Wie war ihr Verhältnis zu den Spitzeln der DDR-Staatssicherheit? Wer hat wen belauscht und verpfiffen? Bei Christa Wolf zum Beispiel geht es um diese Frage. Einige Ex-DDR-Autoren veröffentlichten ihre Stasi-Unterlagen.

In den 1990er-Jahren wartet die Kritik auf den großen Wende-Roman. Jenen Roman also, der die Ereignisse des Mauerfalls und der Vereinigung darstellt.

Günter Grass schreibt mit „Ein weites Feld" einen solchen Roman, der aber heftig kritisiert wird. Grass ist gegen die Art und Weise, wie die DDR an die BRD angeschlossen wurde.

Ihm gefällt nicht, dass auf die Gefühle der Ostdeutschen zu wenig Rücksicht genommen wurde und dass die neuen Bundesländer schnell mal einfach so eingeheimst wurden.

Den Fall der Mauer und die Wende nimmt der Ostdeutsche Thomas Brussig (geboren 1965) satirisch ins Visier: in „Helden wie wir" (1996) und „Am kürzeren Ende der Sonnenallee" (2001). In „Helden wie wir" widerfährt der Hauptfigur, dem DDR-Bürger Klaus Ultzscht, ein seltsames Missgeschick: Sein Penis schwillt zu riesiger Größe an. Das beeindruckt die Grenzschützer der DDR so sehr, dass sie freiwillig die Mauer öffnen. Die Literatur hat also ihre eigene humorvolle Antwort gefunden für ein Ereignis, das oft in so weihevollen Worten kommentiert wird.

Im Westen Deutschlands beschreiben jüngere Autoren ihr Lebensgefühl: Pop-Musik, Erinnerungen an die eigene Jugend im Wohlstandsland BRD, das mit der Wiedervereinigung auch untergegangen ist. Pop-Literatur ist die Bezeichnung, die man für solche Bücher gefunden hat.

Aber auch die Frage nach Schuld und Verantwortung im Dritten Reich ist weiterhin ein Thema der deutschen Literatur – zum Beispiel in Bernhard Schlinks Roman „Der Vorleser" (1995): Sein Held ist der 15-jährige Michael Berg. Er lernt eine viel ältere Frau namens Hanna Schmitz kennen, die weder lesen noch schreiben kann. Es entwickelt sich eine Liebesgeschichte zwischen den beiden. Michael liest Hanna immer aus Büchern vor. Viele Jahre später – Michael ist Jurastudent – begegnet er ihr wieder: in einem Prozess gegen ehemalige Kriegsverbrecher, denn Hanna war Aufseherin im Konzentrationslager Auschwitz. Sie wird zu lebenslanger Haft verurteilt. Als Michaels Ehe scheitert, betreut er Hanna im Gefängnis. Durch ihn wird sie angeregt, sich selbst das Lesen und Schreiben beizubringen. Am Ende begeht Hanna Selbstmord. Sie vererbt ihr kleines Vermögen der Tochter eines ehemaligen Lagerhäftlings.

Rap mir die Poesie! Und was macht die Lyrik heute?

Seit Jahren wird die Lyrik totgesagt. Aber immer wieder rappelt sie sich hoch und überlebt. Auch wenn es manchmal so aussieht, als stecke sie gut abgeschirmt in einem Ghetto, in das sich die Leser nicht reintrauen.

Aber manchmal gehen die Dichter sogar auf die Bühne. Sie tragen ihre Poesie vor wie Rap-Sänger. Und das Publikum applaudiert und vergibt Noten. Poetry Slams nennt man solche Veranstaltungen, die wie Pop-Konzerte ablaufen. Diese Dichter-Wettkämpfe kommen aus den USA. Manchmal geht es recht lustig zu, denn jeder kann mitmachen. Natürlich ist viel gereimter Schrott darunter, aber auch manch gelungenes Gedicht. Rhythmus und Klang sind dabei genauso wichtig wie der Inhalt.

Sprechgedichte haben einen Stammvater. Ernst Jandl (1925–2000) ist einer der großen Erneuerer der Poesie im 20. Jahrhundert. Er entwickelte die akustische und visuelle Dichtung, die konkrete Poesie. Jandl hat oft witzige Gedichte gemacht, indem er Wörter oder Buchstaben vertauscht hat: „manche meinen / lechts und rinks / kann man nicht / velwechsern. / werch ein illtum!" (lichtung). Jandl hat seine Gedichte selber vorgetragen.

visuell
das Sehen betreffend

Auch jüngere Lyriker haben sich in den vergangenen Jahren einen Namen gemacht. Durs Grünbein (geboren 1962) etwa. Er kommt aus der Ex-DDR. Noch bevor die Mauer gefallen ist, hat Grünbein einen Gedichtband mit dem Titel „Grauzone morgens" (1988) geschrieben. Da geht es düster zu, obwohl ein neuer Tag anbricht. Alles ist grau, die Luft ist verpestet, die Stimmung schlecht. Kein Wunder, dass Grünbein in der DDR keinen Verlag gefunden hat. 1995 hat er den Georg-Büchner-Preis bekommen.

Der Literaturbetrieb heute

Bäcker oder Maurer – jeder Beruf hat seinen Verband. Auch die Schriftsteller. P.E.N. heißt er – von den Anfangsbuchstaben der englischen Begriffe „Poets, Essayists, Novelists". Also Gedichte-, Essay- und Romanschreiber.

Alles Penner beim P.E.N.? Der Autor heute

P.E.N. ist eine Schriftstellervereinigung und hat weltweit 134 Zentren. Gegründet in den 1920er-Jahren in England, ist P.E.N. heute eine wichtige Organisation. Denn Schriftsteller leben gefährlich in manchen Weltgegenden. Die Mächtigen unterdrücken sie, weil der freie Gedanke ihre Macht bedroht. Deshalb werden kritische Autoren verfolgt, eingesperrt oder gar ermordet. P.E.N. sorgt dafür, dass dagegen etwas getan wird. Und wenn doch etwas passiert, unterrichtet der Verband die Weltöffentlichkeit und protestiert dagegen. Dabei will die Organisation keine Parteipolitik betreiben. Sie will nur eine freie Diskussion über Kultur.

Man kann übrigens nicht einfach Mitglied werden im P.E.N. Die jeweiligen nationalen Zentren wählen aus. Aufgenommen wird, wer besondere schriftstellerische Leistungen erbracht hat. In Deutschland sind es gut 1000 Autoren.

Hierzulande ist nicht die Verfolgung das Problem des Autors. Es ist eher die Frage, wie er sich und seiner Literatur Gehör verschaffen kann, wenn er nicht gerade zu den berühmten „Dichterfürsten" wie Günter Grass oder Martin Walser gehört. Neue Bücher haben viel Konkurrenz – nicht nur durch Fernsehen und Internet. Auch durch andere Bücher, aus den USA zum Beispiel, die den Publikumsgeschmack treffen. Ein junger Autor muss sich also entweder dem Markt-Geschmack anpassen. Oder er versucht sich mit Literaturstipendien und Förderpreisen über Wasser zu halten.

Auch Autoren haben eine Gewerkschaft. Als Berufsverband der Schriftsteller und der literarischen Übersetzer wurde 1969 der „Verband deutscher Schriftsteller" (VS) gegründet. Der VS hat bundesweit knapp 4 000 Mitglieder.

Sind Krimis erlaubt? Klar – wenn sie mörderisch gut sind ...

„Ein Schuss peitscht durch die Nacht, ein Mann stürzt auf den nassen Asphalt ..." Aber nein, halt. So klischeehaft geht es nicht mehr zu in den guten Kriminalromanen. Dennoch ist der Krimi in der Kritik oft noch verpönt.

Dabei hat er längst seinen festen Platz in den Buchhandlungen. Die Leser lieben Krimis. Auch wenn manche Literaturkritiker der Meinung sind, dass es sich dabei nicht um „Literatur" handelt. Sie kritisieren die immer wiederkehrenden Erzählmuster. Seit den 1960er-Jahren hat sich auch in Deutschland das Verständnis von Literatur ein wenig geändert. Die Unterscheidung in „ernsthafte" und „Unterhaltungs"-Literatur ist aufgeweicht worden. Diese strenge Trennung in E- und U-Literatur hatte in Deutschland – anders als in den USA – lange Bestand (siehe Seite 13). Heute wissen die meisten Leser und viele Kritiker:

Es gibt nur gute Bücher oder schlechte.

Das gilt für Krimis ebenso wie für Gedichte, Dramen oder für so genannte Kinderbücher. Manche Krimis sind literarisch jedenfalls wertvoller als jene Romane, die im Kulturteil der Zeitungen als hohe Kunst angepriesen werden.

Während es in den Krimis früher meist um die Frage ging: „Whodunit", also: „Wer war's?", rücken heute mehr das soziale Umfeld und die Psyche der Menschen in den Vordergrund. Im frühen Detektivroman geht es um das Rätsel der Aufklärung, heute mehr um die gesellschaftlichen Umstände. Auch in Deutschland gibt es eine Krimi-Tradition. Schon Bert Brecht liebte Krimis „als intellektuelle Gewohnheit".

Zu den Klassikern gehört der Schweizer Friedrich Dürrenmatt (1921–1990) mit „Der Richter und sein Henker" (1952). Dürrenmatt brauchte Geld, deshalb schrieb er Krimis. Sein „Held" ist ein alter, kranker Kommissar namens Bärlach. Er hat vor Jahren mit dem Verbrecher Gastmann eine Wette abgeschlossen, dass die meisten Verbrechen aufgeklärt werden. Gastmann behauptet das Gegenteil: Es gebe das perfekte Verbrechen. Vor den Augen des Kommissars stößt er einen Menschen von der Brücke. Aber die Polizei glaubt Bärlach nicht. Und Gastmann hat gute internationale Kontakte. Erst viel später kann Bärlach den Verbrecher in die Falle locken. Er hängt ihm einen Polizistenmord an. Im Folgeband „Der Verdacht" kann Bärlach auch diesen Polizistenmörder stellen. Der Zufall spielt dabei immer eine große Rolle.

Ein weiterer Klassiker kommt ebenfalls aus der Schweiz: Friedrich Glauser (1896–1938) mit seinem „Wachtmeister Studer" (1936). Fahndungswachtmeister Studer ist ein gemütlicher, gutmütiger Familienvater Ende fünfzig. Ein alltäglicher Mensch, kein Superheld. Aber er hat gutes Gespür und viel Einfühlungsvermögen. Und so klärt er einen Mord an einem Vertreter in einem Schweizer Dorf auf. Dabei wird das ganze Geflecht von Abhängigkeiten auf dem Land deutlich. Um diese soziale Studie geht es Glauser.

Nicht zu verwechseln mit Glauser ist Jörg Fauser (1944–1987), der den Krimi „Der Schneemann" (1981) geschrieben hat. Im Mittelpunkt steht ein Kleinkrimineller namens Siegfried Blum, der durch Zufall an fünf Pfund reines Kokain gerät, das viel Geld wert ist. Damit bringt er sich in arge Schwierigkeiten: Nicht nur die Polizei ist ihm auf den Fersen, sondern auch die Drogenmafia. Die Odyssee führt den kleinen Verlierer durch alle sozialen Schichten der Gesellschaft. Und durch halb Europa. Am Ende verliert er das Kokain, aber wenigstens nicht sein Leben.

Das Bochumer Krimi-Archiv vergibt alljährlich den Deutschen Krimi-Preis. In der Jury sitzen Autoren, Lektoren, Journalisten und Krimi-Buchhändler.

Räuber, Bienen und Indianer – wirklich nur für Kinder?

Viele haben die Geschichten von Winnetou und Old Shatterhand gelesen. Manche auch erst als Erwachsene. Denn gute Kinderbücher sind auch gute Erwachsenenbücher. Selbst Schriftsteller und Professoren lesen noch gern Karl May.

Aber es gibt auch noch andere Klassiker der Kinderliteratur. Zum Beispiel „Die unendliche Geschichte" (1979) von Michael Ende (1929–1995), in der ein dicker, unsportlicher Junge mithilfe eines alten Buches die wunderbare Welt des Landes Phantàsien entdeckt. Nicht minder bekannt ist der „Räuber Hotzenplotz" (1962, 1969 und 1973) von Otfried Preußler, der zu den meistgelesenen deutschsprachigen Autoren im In- und Ausland gehört. Kein Wunder: Die Abenteuer von Kasperl und Sepperl, die den Räuber ins Spritzenhaus sperren, sind wirklich ein Riesenspaß. Ein großer Erfolg ist auch „Die Biene Maja und ihre Abenteuer" (1912) von Waldemar Bonsels. Und dann ist da natürlich „Heidi" aus der Schweiz. Johanna Spyri (1827–1901) hat diese Geschichten 1880 und 1881 geschrieben. Sie wurden in fünfzig Sprachen übersetzt, etwa 50 Millionen Mal verkauft und auch mehrfach verfilmt.

Dennoch sind die Bücher des Sachsen Karl May (1842–1912) die Spitzenreiter der Jugendliteratur. Die Winnetou-Bände (1876–1893) sind legendär. Ebenso die Verbrecherjagden, die den Leser „Durch die Wüste" (1892), „Durchs wilde Kurdistan", „Von Bagdad nach Stambul", „In den Schluchten des Balkan" und „Durch das Land der Skipetaren" führen. May hat viele seiner exotischen Geschichten geschrieben, bevor er einen Schritt aus Deutschland heraus getan hat. Erst 1899 und 1908 ist er in die USA und den Orient gereist.

Ganz anders der Autor Friedrich Gerstäcker (1816–1872). Weites Land, harte Männer, wilde Flusspiraten und tapfere Siedler – das gibt es auch bei ihm. Nur mit dem Unterschied, dass Gerstäcker auf eigene Anschauung zurückgreifen kann, wenn er über das gefährliche Leben am Mississippi schreibt. Mit Anfang zwanzig zieht er als Jäger und Gelegenheitsarbeiter quer durch die USA.

Später bereist er die ganze Welt.

Damals wandern viele Deutsche nach Amerika aus und lesen Gerstäckers Reisebeschreibungen. In seinen Romanen geht es um die Gründerjahre in Nordamerika. „Die Regulatoren in Arkansas" (1846) und „Die Flusspiraten des Mississippi" (1848) erzählen von Räuberbanden, Pferdedieben, Siedlern und Jägern.

Liselotte Welskopf-Henrich (1901–1979) ist vor allem jenen ein Begriff, die in der DDR groß geworden sind. Ihre Romane sind in zwölf Sprachen übersetzt und über sechs Millionen Mal verkauft worden. „Die Söhne der Großen Bärin" (1951 der erste Band) sind gut recherchierte Indianergeschichten, die später den Stoff für den ersten Indianerfilm der DDR lieferten. Der Indianerjunge Harka oder Tokei-ihto, wie er später als Häuptling genannt wird, kämpft gegen verbrecherische Weiße und die Gefangenschaft in Reservaten.

Liselotte Welskopf-Henrich reiste selbst in Indianerreservate und unterstützte den Kampf der Ureinwohner Nordamerikas. Die ehrten die „kleine, ältere Dame" mit dem Titel „Lakota Tashina", was so viel bedeutet wie „Schützender Schal der Lakota". In den Jahren 1966 bis 1970 erschienen die fünf Bände von „Das Blut des Adlers". Darin geht es nicht mehr um historische Indianergeschichten aus dem 19. Jahrhundert, sondern um die soziale und politische Realität der Indianer in den 60er-Jahren des 20. Jahrhunderts.

Der Erste, der die Landschaft Nordamerikas in deutscher Sprache beschrieb, war Charles Sealsfield (1793-1864). Ein deutscher Reiseschriftsteller und Journalist, der eigentlich Karl Anton Postl hieß.

131 | Der Literaturbetrieb heute

Was bieten die neuen Medien zum Thema Literatur?

Bestimmt kennst du den Komiker Otto Waalkes. Was der mit Literatur zu tun hat? Immerhin ist einer der Drehbuchautoren der Otto-Filme der Maler und Autor Robert Gernhardt. Er gehört zu den besten Dichtern unserer Zeit.

Robert Gernhardt hat einen wunderbaren Humor. Er nimmt die Klassiker auf den Arm, aber auf hohem Niveau. Denn Robert Gernhardt (geboren 1937) beherrscht alle lyrischen Formen und hat Witz. Gut, wenn auch solche Leute fürs Fernsehen arbeiten.

Seit einigen Jahren hat das Internet die Medienlandschaft erobert. Dort gibt es auch Literaturseiten und sogar Literaturwettbewerbe. Schau doch mal zum Beispiel auf die Seite http://www.carpe.com/literaturwelt/. Da findest du interessante Links zu Themen, Autoren, Debatten und Zeitschriften.

Seit es den Film gibt (1895), werden Romane verfilmt. Das Medium ist einerseits wichtig für die Verbreitung der Literatur, andererseits aber auch eine Gefahr. Denn oft beklagen Schriftsteller und Leser, dass Literaturverfilmungen die Vorlage völlig entstellen. Wahrscheinlich ist es besser, vorher das Buch zu lesen. Sonst hast du immer die „fremden" Bilder aus dem Film im Kopf. Fast alle Klassiker der deutschen Literatur sind für Film und Fernsehen in bewegte Bilder umgesetzt worden. „Die Buddenbrooks", „Faust", „Das Tagebuch der Anne Frank", „Die Blechtrommel", „Woyzeck", „Berlin Alexanderplatz", „Der Richter und sein Henker", um nur einige zu nennen. Schau doch mal in eine gute Videothek – da wirst du einiges finden.

Bevor der Fernseher die Wohnzimmer eroberte, war das Radiogerät Herrscher über die gute Stube. Vor allem in den 50er- und 60er-Jahren arbeiteten viele Schriftsteller für den Rundfunk. Sie schrieben Hörspiele und Essays. Günter Eich, Ingeborg Bachmann oder Arno Schmidt etwa. In den vergangenen Jahren sind die so genannten Hörbücher sehr in Mode gekommen.

Olympiaden sind eine feine Sache. Doch anders als etwa beim Speerwerfen ist es in der Literatur oft nicht klar zu sagen, wer der Beste ist. Vieles spielt eine Rolle bei der Frage, wer einen Literaturpreis verdient.

Und wie heißt der Sieger? Literaturpreise!

Etwa politische Ansichten oder Geschmacksfragen der Jury. Das sind die Damen und Herren, die als Schiedsrichter fungieren. Oft sind ihre Entscheidungen umstritten. Vor allem, wenn es um den Literaturnobelpreis geht. Der wird seit 1901 jedes Jahr von achtzehn Mitgliedern der Schwedischen Akademie vergeben, die auf Lebenszeit gewählt sind. Erst wird eine Auswahl von 200 Büchern getroffen. Daraus werden fünf Autoren in die enge Wahl gezogen. Mit einfacher Mehrheit wird der Preisträger gewählt. Die Entscheidungen wurden oft kritisiert – zu wenig Frauen, zu viele Europäer. Auch werden viele sehr gute Autoren übergangen. Aber die Jury-Arbeit ist nicht leicht. Denn das Testament des Preisstifters Alfred Nobel sagt nicht genau, nach welchen Kriterien der Preis vergeben werden soll. Er soll an den Autor gehen, der im vergangenen Jahr „das Beste in idealistischer Richtung geschaffen hat".

Der angesehenste Literaturpreis in der Bundesrepublik Deutschland ist der Georg-Büchner-Preis, der von der Deutschen Akademie für Sprache und Dichtung e. V. in Darmstadt seit 1951 verliehen wird. Der Friedenspreis des deutschen Buchhandels geht jedes Jahr im Oktober an einen deutschen oder ausländischen Autor. Für die deutschsprachigen Nachwuchsautoren ist der Ingeborg-Bachmann-Wettbewerb der wichtigste. Jedes Jahr werden in Klagenfurt mehrere Preise für bislang unveröffentlichte Texte vergeben.

Deutschsprachige Autoren, die den Literaturnobelpreis erhalten haben:

**1902 Theodor Mommsen
1908 Rudolf Eucken
1910 Paul Heyse
1912 Gerhart Hauptmann
1919 Carl Spitteler
1929 Thomas Mann
1946 Hermann Hesse
1972 Heinrich Böll
1999 Günter Grass**

Die Herren der Hummersuppe: Welche literarischen Verlage gibt es?

Der Schriftsteller Arno Schmidt hat einmal geschrieben, dass „Verleger ihre Hummersuppe aus Autoren-Schädeln löffelt'n". Ein böses Wort. Schließlich gibt es auch viele Verleger, die sich sehr um ihre Autoren kümmern.

Dazu gehört zum Beispiel auch Siegfried Unseld (1924–2002) vom Suhrkamp Verlag. Er hat den Schriftsteller Uwe Johnson jahrelang finanziell unterstützt, obwohl der nichts veröffentlichte. Der Suhrkamp Verlag in Frankfurt am Main wurde 1950 von Peter Suhrkamp gegründet, auf Anregung des Schriftstellers Hermann Hesse. Suhrkamp war zuvor Leiter des S. Fischer Verlags. Die Nazis steckten ihn ins Konzentrationslager. Aber Suhrkamp überlebte und machte seinen eigenen Verlag auf. Hermann Hesse, Hermann Kasack, T. S. Eliot, Bernard Shaw und Bertolt Brecht waren seine Autoren. 1959 wurde Siegfried Unseld der alleinige Verleger. Ein Schwerpunkt bei Suhrkamp ist die zeitgenössische deutschsprachige Literatur: Thomas Bernhard, Hans Magnus Enzensberger, Peter Handke, Martin Walser und Jüngere wie Marcel Beyer, Rainald Goetz oder Durs Grünbein.

Auch der Carl Hanser Verlag (1928 gegründet) in München ist ein Fels im Kulturleben. Neben Fachbüchern für Technik verlegt Hanser auch Literatur, etwa Werkausgaben von Klassikern wie Büchner, Fontane, Heine, Hölderlin, Lessing, Nietzsche und Schiller. Oder auch die 32-bändige Münchner Ausgabe von Goethes Werken. Seit 1986 ist Michael Krüger Verlagsleiter. Er ist selbst Schriftsteller und hat viele Gedichtbände veröffentlicht, die bei Suhrkamp verlegt werden. Zu den Hanser-Autoren zählen viele prominente Literaten aus aller Welt: Jorge Luis

Der Literaturbetrieb heute

Borges, T. C. Boyle, Elias Canetti, Italo Calvino, Umberto Eco, Botho Strauß, Peter Høeg, Philip Roth und viele andere.

Einer der großen alten Literaturverlage ist S. Fischer. 1886 hat ihn der 26-jährige Samuel Fischer gegründet. Gerhart Hauptmann, Thomas Mann und Hermann Hesse veröffentlichten bei Fischer. Als 1934 Samuel Fischer stirbt, wird der Verlag geteilt. Der Schwiegersohn Gottfried Bermann Fischer geht nach Wien, um dort den Bermann-Fischer Verlag zu gründen. Der S. Fischer Verlag in Berlin unter der Leitung von Peter Suhrkamp versucht, unter der Diktatur weiterzuarbeiten.

Als die Nationalsozialisten Österreich einnehmen, gründet Bermann-Fischer in Stockholm einen Exilverlag. Auch der Berliner Fischer Verlag wird von den Nazis immer mehr unter Druck gesetzt. Nach dem Krieg trennen sich Peter Suhrkamp und Fischer. Fischer verlegt die Werke Kafkas und beginnt ein Taschenbuchprogramm. 1963 wird Fischer an Georg von Holtzbrinck verkauft. Dessen Tochter Monika Schoeller leitet das Haus seit 1974. Neben den erwähnten Klassikern erscheinen bei S. Fischer zeitgenössische Autoren wie Ilse Aichinger, Reiner Kunze, Günter de Bruyn oder Christoph Ransmayr.

Heute beherrschen vor allem zwei große Konzerne die deutsche Verlagslandschaft: die Holtzbrinck-Gruppe und Bertelsmann/Random House.

Der Verleger Siegfried Unseld (2001)

135 | Der Literaturbetrieb heute

Wo gibt's das Buch? Der Handel, die Messen, das Internet

Die Literatur hat auch einen Ort. Ein Nachmittag in einer schönen Buchhandlung oder einem Antiquariat kann wie ein Urlaub sein. Du blätterst in neuen oder alten Büchern. Und tauchst ab in eine andere Welt.

Natürlich gibt es auch tolle Bibliotheken. Aber es ist schön, wenn man seine Lieblingsbücher behalten darf. Also geht man in die Buchhandlung um die Ecke. Leider klagen die Buchhändler sehr viel, weil das Geschäft nicht gut läuft. Viele Buchhandlungen mussten schon schließen, obwohl der gesamte Umsatz der Buchbranche bei über neun Milliarden Euro liegt.

Natürlich sind nicht alle Buchhandlungen gleich.

Die Preisbindung wird heftig attackiert, aber bisher stehen die festen Preise für Bücher noch.

Es gibt große, die können sogar Verlage unter Druck setzen, damit sie Bücher billiger kriegen. Für uns Käufer ändert das nichts. Denn es gibt in Deutschland die Preisbindung, das heißt, egal wo man ein Buch kauft, es kostet überall gleich viel. Allerdings wirst du manchmal an Geschäften vorbeigehen, in denen neuwertige Bücher billig angeboten werden. Immer häufiger nämlich wird nach Ablauf einer bestimmten Frist der gebundene Ladenpreis aufgehoben. Auch die Abstände zwischen den Verwertungsstufen werden immer kürzer. Manchmal gibt es schon sechs Monate nach Erscheinen einer teuren Hardcover-Ausgabe die billigere „Sonderausgabe" eines Bestsellers. Preiswerte Bücher? Ist doch prima? Aber wenn alle nur noch solche kaufen, kann die Existenz manch kleiner Verlage, die hochwertige und teure Bücher machen, gefährdet sein. Der Buchhandel hat eine Interessenvertretung: den Börsenverein des Deutschen Buchhandels.

Er existiert seit 1825 und vertritt heute 2 000 Verlage, 4 600 Buchhandlungen (= Sortimentsbuchhandel) und 80 Zwischenbuchhandlungen (oder Barsortimenter). Letztere sind das Bindeglied zwischen dem Verlag und deiner (Sortiments-)Buchhandlung um die Ecke. Solche Buchgroßhandlungen wie zum Beispiel KNÖ in Stuttgart sind eigene Firmen, die Bücher bei den Verlagen bestellen und an die kleinen Händler weiterliefern.

Seit ein paar Jahren gibt es *books on demand*, also Bücher nach Bedarf. Wenn ein Kunde einen Titel will, geht die Bestellung elektronisch direkt an die Druckerei. Das Buch wird eigens hergestellt und geliefert. Die Verlage brauchen keine großen Lager mehr. Das spart Geld.

Und dann sind da noch die Verlagsvertreter. Sie tingeln als Angestellte oder Selbstständige im Auftrag der Verlage über die Lande und erzählen den Buchhändlern, welche neuen Bücher sie unbedingt in ihre Fensterauslagen stellen müssen. Alle lieferbaren Bücher sind übrigens im Verzeichnis lieferbarer Bücher (VLB) enthalten. Jedes Buch hat seine Nummer, die zehnstellige ISBN („International Standard Book Number"). So kann man den Titel mit dem Computer schnell finden und bestellen.

Aber du kannst auch direkt übers Internet bestellen: bei Amazon.de, Bol.de, booxtra.de, oder wie sie alle heißen. Und wenn du alte Bücher suchst, die im Handel nicht mehr zu bekommen sind, kannst du z.B. bei www.zvab.de nachsehen.

Für die Neuerscheinungen sind die Bestseller-Listen wichtig. Die sollen zeigen, welche Bücher sich gut verkaufen. Seit etwa dreißig Jahren gibt es die Spiegel-Liste. Für die werden 290 Buchhandlungen regelmäßig befragt. Diese Methode wird oft kritisiert, denn der Buchhändler gibt nicht unbedingt an, was er verkauft hat, sondern das, was massenweise rumliegt und noch verkauft werden soll. Seit kurzem gibt es aber auch Listen, die mithilfe von elektronischen Scannerkassen in ausgewählten Buchhandlungen erstellt werden. Die sollen genauer sein.

Wichtige Treffen für alle, die mit Büchern zu tun haben, sind die Buchmessen, zum Beispiel im Oktober die Frankfurter Buchmesse. Sie ist die weltweit wichtigste, und es gibt sie seit 500 Jahren. Mehr als 9 000 Aussteller aus über 100 Ländern zeigen hier ihre Neuerscheinungen.

137 | *Der Literaturbetrieb heute*

Leute wie du und ich – die Leser, die Kritiker, die Medien

Auf dich kommt es an! Denn du bist – hoffentlich – der Leser. Und ohne den geht gar nichts. Denn Literatur, die nicht gelesen wird, ist nur eine Arbeitsbeschaffungsmaßnahme für den Autor. Aber sie bleibt bedeutungslos.

Die Frage ist nur: Wer ist der Leser überhaupt? Ein unbekanntes Wesen? Es gibt Untersuchungen, die zeigen sollen, wer was warum liest. Die „Stiftung Lesen" etwa erforscht den Stellenwert des Lesens unter den Freizeitbeschäftigungen. Da werden dann 2 500 Leute ab vierzehn Jahren ausgewählt und befragt, wie oft sie was lesen. 2001 hat sich dabei gezeigt: Es wird in Deutschland weniger gelesen als noch zehn Jahre zuvor.

Frauen lesen mehr als Männer, Gymnasiasten mehr als Volksschüler. Das ist nicht neu. Aber neu ist, dass *insgesamt* weniger gelesen wird, weil die neuen Medien immer mehr Zeit fressen. Nur noch sechs von hundert Deutschen greifen täglich zum Buch. Vor zehn Jahren waren es noch sechzehn von hundert. Fast die Hälfte der Deutschen hat mit Büchern so gut wie nichts mehr zu tun. Immer häufiger lesen die Menschen nur noch Ausschnitte. Einen Roman von vorn bis hinten durchackern? Das wird immer seltener.

Der Grund ist das größere Angebot an Medien: Fernsehen, Internet, Zeitungen, Zeitschriften, Musik, DVD, Video … Der Tag hat aber immer noch nur 24 Stunden. Für Bücher bleibt daher weniger Zeit. Schade, denn das ewige Herumzappen und -surfen ist auf die Dauer unbefriedigend. Doch angesichts des großen Angebots an Büchern braucht man ein wenig Hilfe. Schließlich erscheinen im Jahr allein 80 000 neue Titel.

Der Job der Literaturkritiker ist es, die Neuerscheinungen

Der Literaturbetrieb heute

durchzusehen und uns dann zu sagen, was lesenswert ist. Dieses Urteil ist natürlich kein Gesetz. Vieles ist Geschmackssache. Aber weil Kritiker meist schon mehr gelesen haben, können sie ganz gut vergleichen. Wenn du auf das Urteil vertraust und zufrieden bist, wirst du dem Kritiker wieder vertrauen. Oder eben nicht. Kritiker schreiben für Zeitungen, Radio und Fernsehen. Vielleicht hast du schon mal den bekanntesten deutschen Kritiker im Fernsehen gesehen: Marcel Reich-Ranicki, ein lustiger, älterer Herr, der immer sehr überschwänglich Bücher lobt oder ganz schlecht findet. Letzteres nennt man Verrisse. Über die ärgern sich die Schriftsteller und die Verlage. Für den Zuschauer sind sie oft sehr unterhaltsam.

Auch die Kritikerin Elke Heidenreich mit ihrer TV-Literatursendung „Lesen!" ist sehr beliebt. Es ist spannend zu sehen, wie ein Buch, das da vorgestellt wird, in nur wenigen Tagen die Bestseller-Listen hinaufsteigt. Solche Kritiker haben viel Macht. Im Gegensatz zu den meisten anderen. Literaturbesprechungen in Tageszeitungen oder Literaturzeitschriften haben längst keine so große Wirkung auf den Verkauf von Büchern. Die Kritiker nehmen sich und ihre Zunft dennoch meist sehr ernst.

Literaturkritik findet in den Feuilletons der Tages- und Wochenzeitungen statt, aber auch in Zeitschriften wie „Literaturen" oder in Radio und Fernsehen.

Der Schriftsteller und Kritiker Marcel Reich-Ranicki (2000)

139 Der Literaturbetrieb heute

Glossar

Althochdeutsch Vorläufer unserer heutigen deutschen Sprache. Im Mittelalter wurden Geschichten auf Althochdeutsch vor allem erzählt und vorgelesen.

Barock Die Epoche zwischen Renaissance und Aufklärung (1600 bis 1720). Das Barock wird in Früh-, Hoch- und Spätbarock gegliedert. In ganz Europa waren Literatur, Malerei und Musik von barocken Gedanken geprägt. Einerseits ist der Tod allgegenwärtig, andererseits ist die Lebenslust sehr ausgeprägt.

Bitterfelder Weg Literarische Strömung in der DDR der 1950er- und 60er-Jahre. Die Arbeitswelt der sozialistischen Menschen sollte in der Literatur dargestellt werden. Vieles, was diesen politischen Ansprüchen nicht genügte, wurde verboten.

Dadaismus Der Name Dada entstand zufällig, durch einen Blick in ein Wörterbuch. Die Dadaisten waren Gegner des Ersten Weltkriegs und meist aus den Krieg führenden Ländern in die Schweiz geflüchtet. Sie wollten die Literatur radikal erneuern.

Hermetisch Verschlossen, schwer verständlich (vor allem für manche modernen Gedichte)

Innere Emigration Als 1933 die Nationalsozialisten die Macht übernehmen, werden linke Parteien, Gewerkschaften und unabhängige Zeitungen verboten. Viele Schriftsteller gehen in das Exil. Andere blieben in Deutschland, obwohl sie nicht mit Hitler einverstanden waren. Sie zogen sich zurück, gingen in die innere Emigration.

Endreim Wenn sich die Wörter am Ende zweier Zeilen reimen, spricht man vom Endreim.

Erzählperspektive Es gibt drei Erzählperspektiven. Die *auktoriale Erzählperspektive*, das ist der allwissende Erzähler, der das ganze Geschehen einer Geschichte überblickt. Die *Ich-Erzählperspektive*: Eine Haupt- oder Nebenfigur, die eine Geschichte selbst erlebt hat, berichtet in der Ich-Form darüber. Die *personale Erzählperspektive*: Der Leser erfährt die Geschichte scheinbar direkt aus der Sicht einer Figur.

Expressionismus Eine radikale Kunstrichtung zu Beginn des 20. Jahrhunderts. Sie will nicht nur eine neue Literatur, sondern einen neuen Menschen. Alle Künste sollen zusammenwirken. Tod und Weltuntergang sind häufige Themen in jenen Jahren um den Ersten Weltkrieg herum.

Feuilleton Feuilleton ist französisch und heißt eigentlich Blättchen. Gemeint ist der Teil einer Tages- oder Wochenzeitung, der die Menschen literarisch unterrichten und unterhalten soll. Darin werden neue Bücher, Theaterstücke oder Kinofilme besprochen. Es wird heute aber auch über Gott und die Welt und Alltägliches geschrieben.

Helden Helden sind in frühen Zeiten und im Mittelalter noch richtige Siegertypen, die mit Schwert und Verstand die Welt erobern. Oder manchmal auch scheitern. In den Nibelungen und bei Dietrich von Bern finden wir solche alten deutschen Heldensagen. Später, vor allem im 19. und 20. Jahrhundert, werden die Helden immer trauriger. Sie sind dann oft einfache Leute ohne besondere Eigenschaften.

Glossar | *140*

Humanismus Im 14. und 15. Jahrhundert entwickelte sich in Europa eine neue philosophische Strömung. Sie stand gegen die starre kirchliche Autorität und betonte die Würde eines jeden einzelnen Menschen. Der sollte seinen Geist frei entfalten. Wie man es von den Menschen der Antike glaubte. Damals, meinten die Humanisten, sei die Menschlichkeit am weitesten entwickelt gewesen.

Konflikt Gute Geschichten brauchen Konflikte. Äußere oder innere. Der Konflikt ist das Wichtigste beim Drama. Aber auch in Erzählungen. Im Drama wird der Konflikt langsam aufgebaut, bis es zum Höhepunkt kommt und die Sache sich am Ende auflöst.

Kurzgeschichte Eine kleine Form des Erzählens. In den USA nennt man sie „short story". Die K. ist im 20. Jahrhundert entstanden und berichtet von einem einzelnen Ereignis. Das wird ohne große Ausschmückungen dargestellt.

Lyrisches Ich Schriftsteller verwenden in Gedichten gern Figuren, die in der Ich-Form berichten. Die nennt man lyrisches Ich. Der Dichter benutzt es als Vermittler, durch den er den Leser anspricht.

Minnesang Liebesgedichte und -lieder, die im Mittelalter sehr beliebt waren. Vor allem unter Rittern und an den Höfen. Die ersten Minnelieder entstanden um 1160 in Deutschland und Österreich.

Neue Sachlichkeit Eine literarische Bewegung in den 20er-Jahren, die aus der Kunst und Architektur kam. Sie will nüchtern beobachten und die Ereignisse des Lebens beschreiben. Literatur ist für sie Gebrauchsliteratur.

Novelle Die Novelle entstand in der Renaissance. Sie ist eine Form der Erzählung, in der sich eine Neuigkeit auf krisenhafte Weise zuspitzt und zu einer Wendung im Geschehen führt. Oft sind es realistische Schilderungen aus dem Leben des einfachen Volkes.

Parabel Eine kurze Geschichte, die als Gleichnis dazu führen soll, dass der Leser einen Gedanken besser versteht. Durch die Parabel wird der Gedanke anschaulicher.

Roman Eine große erzählerische Form, bei der die Handlung vielschichtig und weit verzweigt ist. Es kommen zahlreiche (Haupt- und Neben-)Figuren vor. Man unterscheidet verschiedene Formen: Bildungs- bzw. Entwicklungsroman, Schelmenroman, historischer Roman, Abenteuerroman und viele Unterformen (Krimi, Sciencefiction etc.).

Trivialliteratur Eine leichte, anspruchslose Lektüre. Der Leser soll sich dabei unterhalten, aber nicht unbedingt etwas lernen. Die Geschichten sind sprachlich und inhaltlich oft sehr einfach. Sie orientieren sich an bestimmten Mustern, die immer wieder auftauchen. Man weiß daher oft vorher schon, was auf der nächsten Seite passiert.

Trümmerliteratur In den Jahren nach dem Zweiten Weltkrieg lag Europa in Schutt und Asche. Junge Autoren schrieben damals Geschichten über Nationalsozialismus, Krieg und das Leben in den Trümmern der zerstörten Städte. Sie vermieden dabei vor allem jene Begriffe, die von den Nazis zwölf Jahre lang gebraucht wurden. Diese „Reinigung der Sprache" nennt man auch „Kahlschlag-Literatur".

Weimarer Klassik

Literarische Epoche in Deutschland um 1800, in der Goethe und Schiller am Hof von Weimar gewirkt haben.

Zeit

ist eine wichtige Größe in jeder literarischen Erzählung, aber auch im Drama. Der Schriftsteller gestaltet die Zeit, je nachdem, was er uns erzählen will. Er dehnt sie oder rafft sie. Wir unterscheiden erzählte Zeit und Erzählzeit. Also jenen Zeitraum, der im Buch beschrieben wird, und jenen, den man zum Lesen des Buches braucht. Das Verhältnis der beiden zueinander nennen wir Erzähltempo.

Quellenverzeichnis

Bachmann, Ingeborg: Werke, Piper Verlag, München 1993.
Benn, Gottfried: Ausgewählte Gedichte, Diogenes Verlag, Zürich 1973.
Brecht, Bertolt: Die Gedichte in einem Band, Suhrkamp Verlag, Frankfurt/M. 1993.
Büchner, Georg: Lenz. Der Hessische Landbote, Philipp Reclam Verlag, Stuttgart 1986.
Bürger, Gottfried August: Sämtliche Werke, Hanser Verlag, München/Wien 1987.
Celan, Paul: Die Gedichte. Suhrkamp Verlag, Frankfurt/M. 2003.
Droste-Hülshoff, Annette von: Sämtliche Gedichte, Insel Verlag, Frankfurt/M. 1988.
Eich, Günter: Botschaften des Regens, Suhrkamp Verlag, Frankfurt/M. 1971.
Eichendorff, Joseph von: Sämtliche Gedichte und Versepen, Insel Verlag, Frankfurt/M. 2001.
Eichendorff, Joseph von: Aus dem Leben eines Taugenichts, Philipp Reclam Verlag, Stuttgart 1986.
Fontane, Theodor: Effi Briest, Insel Verlag, Frankfurt/M. 1997.
George, Stefan: Das Jahr der Seele, Verlag Klett-Cotta, Stuttgart 1987.
Goethe, Johann Wolfgang von: Die Leiden des jungen Werther, Philipp Reclam Verlag, Stuttgart 2002.
Grimmelshausen, Hans Jakob Christoffel von: Der abenteuerliche Simplicissimus,
   Philipp Reclam Verlag, Stuttgart 1979.
Gryphius, Andreas: Gedichte, Philipp Reclam Verlag, Stuttgart 1986.
Hartmann von Aue: Der arme Heinrich, Fischer Taschenbuch Verlag, Frankfurt/M. 2000.
Heine, Heinrich: Deutschland. Ein Wintermärchen, Philipp Reclam Verlag, Stuttgart 2001.
Jandl, Ernst: lechts und rinks, Luchterhand Literaturverlag, München 2002.
Kafka, Franz: Der Prozeß, Suhrkamp Verlag, Frankfurt/M. 1998.
Kant, Immanuel: Kritik der reinen Vernunft, Philipp Reclam Verlag, Stuttgart 1986.
Kästner, Erich: Doktor Erich Kästners Lyrische Hausapotheke, Deutscher Taschenbuch Verlag 1988.
Keller, Gottfried: Romeo und Julia auf dem Dorfe, Philipp Reclam Verlag, Stuttgart 1998.
Lessing, Gotthold Ephraim: Nathan der Weise, Philipp Reclam Verlag, Stuttgart 1990.
Lichtenberg, Georg Christoph: Sudelbücher, Insel Verlag, Frankfurt/M. 2002.
Rilke, Rainer Maria: Die Gedichte, Insel Verlag, Frankfurt/M. 1986.
Schiller, Friedrich: Wilhelm Tell, Philipp Reclam Verlag, Stuttgart 2000.
Schwitters, Kurt (u. a.): Die Ursonate von Kurt Schwitters in Text, Ton und Bild,
   Luchterhand Literaturverlag, München 1991.
Stifter, Adalbert: Bunte Steine, Philipp Reclam Verlag, Stuttgart 1994.
Uz, Johann Peter: „Ein Traum". In: Deutsche Liebeslyrik, Philipp Reclam Verlag, Stuttgart 1982.

Thomas Grasberger, Jahrgang 1964, studierte nach dem Abitur Politikwissenschaft, Geschichte und Philosophie in München und Bangkok/Thailand. Anschließend besuchte er die Deutsche Journalistenschule (DJS) in München. Thomas Grasberger arbeitete mehrere Jahre als Literaturredakteur bei der Abendzeitung in München, bevor er freier Journalist und Autor u. a. für Die Welt, Focus, Tagesspiegel, Berliner Zeitung, Süddeutsche Zeitung wurde. Er schreibt heute vor allem für den Hörfunk, Reisereportagen und Bücher. Thomas Grasberger hat zwei Söhne und lebt mit seiner Familie in München.

Verena Ballhaus wurde 1951 in Gemünden am Main geboren. Schon früh begeisterte sie alles, was mit Farben und Formen zu tun hat. Aus diesem Grund besuchte sie nach der Schule die Kunstakademie in München, an der sie neben Malerei und Grafik auch Kunsterziehung studierte. Nach dem Studium arbeitete sie zunächst für einige Zeit als Bühnenbildnerin, widmet sich aber nun schon seit vielen Jahren dem Illustrieren von Kinderbüchern. Für ihre Arbeit wurde Verena Ballhaus bereits mehrfach ausgezeichnet, u. a. mit dem Jugendliteraturpreis.

Bildnachweis:
dpa: S. 71, 73 (Thomas Mann), 87, 99, 113, 135;
Keystone Bildagentur: S. 73 (Heinrich Mann), 95, 139.

Nachgefragt
– und Mitreden ist kein Problem mehr!

Du meinst, Politik sei nur etwas für Erwachsene? Weit gefehlt! Ob du Pfand auf Coladosen bezahlen musst, in deiner Stadt ein Jugendtreff eröffnet wird oder sich der Eintrittspreis für das Freibad erhöht – alle diese Dinge werden von Politikern entschieden und beeinflussen auf irgendeine Weise dich und dein Leben. Deshalb ist es wichtig, Bescheid zu wissen und sich einzumischen. Damit du die Politik nicht nur verstehst, sondern auch selbst mitreden kannst.

Tarifverhandlungen, Investitionen, Wettbewerb – wenn Erwachsene sich über Wirtschaft unterhalten, schwirrt einem schnell der Kopf. Doch wirtschaftliche Zusammenhänge betreffen uns alle ganz unmittelbar. Egal, ob du beim Zeitungsaustragen dein Taschengeld aufbesserst, Jeans und CDs kaufst oder auf der Bank ein Girokonto eröffnest, immer bist du wirtschaftlich aktiv. Deshalb ist es wichtig, genau Bescheid zu wissen. Damit du die Wirtschaft nicht nur verstehst, sondern auch selbst mitreden kannst.

Menschen machen Geschichte – und zwar nicht nur die großen Politiker und Feldherren. Auch du bist an der Entwicklung der Geschichte beteiligt: mit deinem Leben und deinen Entscheidungen. Und so wie du von den Lebensläufen deiner Eltern und Großeltern geprägt wirst, so stecken in jedem Menschen die Erfahrungen früherer Generationen. Deshalb ist es wichtig, über die Vergangenheit Bescheid zu wissen. Damit du Geschichte nicht nur verstehst, sondern auch mitreden kannst.